U0796822

实用版

每天读点哲学

弘石◎著

时事出版社
北京

图书在版编目（CIP）数据

每天读点哲学 / 弘石著 . —北京：时事出版社，2018.7

ISBN 978-7-5195-0234-8

Ⅰ . ①每… Ⅱ . ①弘… Ⅲ . ①哲学 – 通俗读物
Ⅳ . ① B-49

中国版本图书馆 CIP 数据核字（2018）第 104963 号

出版发行：时事出版社
地　　址：北京市海淀区万寿寺甲 2 号
邮　　编：100081
发行热线：（010）88547590　88547591
读者服务部：（010）88547595
传　　真：（010）88547592
电子邮箱：shishichubanshe@sina.com
网　　址：www.shishishe.com
印　　刷：三河市华润印刷有限公司

开本：670×960　1/16　印张：18　字数：250 千字
2018 年 7 月第 1 版　2018 年 7 月第 1 次印刷
定价：38.00 元
（如有印装质量问题，请与本社发行部联系调换）

前言

哲学是什么？这是很多人想知道的问题，但对于其还真没有一个明确的定义。如果非要弄清楚什么是哲学，那最好的办法可能是先去了解哲学的历史。

古时人类掌握的知识很少，人们把一切知识定义为“哲学”。在人类进入文明社会之后，知识越来越多、越来越复杂，很多知识学科在确定了自己的研究对象和范围、研究方法、研究目标后，就从哲学中分离了出来。例如，早先物理学是属于哲学的，它的研究对象是物理世界，研究方法是科学，研究目标是弄清楚物理世界的规律。这个“学科三要素”确定后，物理学就和哲学分家了，开始负责自己的领域。与之相类似，化学、心理学甚至美学也从哲学中分离出来了。于是，哲学的研究范围变得越来越小，小到什么范围呢？可以这么说，其他学科不研究的事物，哲学来思考。例如，灵魂是什么？我是谁？活着的目的是什么？等等。从这个意义上说，哲学是一个过程，人们注重这个研究的过程和思辨的能力，至于结论，只能说百家争鸣、百花齐放。但人类在研究哲学的过程中成长了很多。

那学习哲学对我们有用处吗？答案是肯定的。不学哲学也许一样可以在生活中感悟到很多道理，有很多思考，同样可以过有意义的生活，但学习哲学的目的在于通过对哲学的学习来建立一套系统的、有规律的哲学思维认识逻辑，进而以更深刻的思考来认识这个世界，更好地指导自己的行为，使我们更有意义地生活。

目录

contents

第一篇 抽象的哲学概念

第二章 021 西方哲学概念

第二篇 玄妙的哲学问题

第一章 031 哲学为何物

第二章 040 中国哲学问题

第三篇 丰富的哲学流派

第二章 064

外国哲学流派

第四篇 多彩的哲学人物

第一章 079

中国哲学人物

第二章 101

外国哲学人物

第五篇 永恒的哲学经典

第一章 147 中国哲学经典

第二章 164 外国哲学经典

第六篇

睿智的哲学名言

第一篇

抽象的哲学概念

第一章
中国古代哲学概念

阴阳八卦

八卦源于中国古代对基本的宇宙生成、相应日月的地球自转（阴阳）关系、农业社会和人生哲学互相结合的观念。最原始的资料来源于《周易》，内容有六十四卦，但没有图像。

《易传》记录："易有太极，始生两仪。两仪生四象，四象生八卦。"两仪即阴阳，可在不同时候引申为天地、昼夜、男女等。四象，即少阴、少阳、太阴、太阳。在不同时候，可分别对应四方、四季、四象。青龙居东，春之气，少阳主之；朱雀居南，夏之气，太阳主之；白虎居西，秋之气，少阴主之；玄武居北，冬之气，太阴主之。四季养生也分别对应为：生、长、收、藏。八卦，即干、坤、巽、兑、艮、震、离、坎。每卦由三爻组成，以"–"为阳，以"––"为阴。

五行学说

五行学说认为，宇宙万物都由木、火、土、金、水五种基本物质的运行（运动）和变化所构成。它强调整体概念，描绘了事物的结构关系和运动形式。

五行表述的是事物的五种状态，是从时间意义上对事物的分析。木指事物的萌发、成长阶段；火指事物的鼎盛阶段；金指事物的衰退阶段；水指事物衰退到极点并终归于空无的阶段。根据太极原理，一切事物凡是终点也就必是起始。也就是说水是上一个时期的终结，下一个时期的孕育阶段。土是万物的归宿，又是起点。万物生于土、终归于土。

《易传·系辞·上》说："一阴一阳之谓道。"阴阳则是事物的两个方面。有点类似于现在说的矛盾双方，这是从空间意义上对事物的概括。阳代表事物刚性、外在、向上、运动、简明、积极的一面，阴象征事物阴柔、内在、低下、静止、细腻、消极的一面。阴阳两方可以表现在同一系统两个相互独立的事物上，也可以共存于同一个事物上。而且阴阳是可以相互转化并且不断地运动变化的。以人为例：男为阳，女为阴；一个人身上，前为阳后为阴，上为阳下为阴，外形为阳内部为阴。

如果说阴阳是一种古代的对立统一学说，五行则可以说是一种原始的普通系统论。

仁义礼智信

孔子曾将“智仁勇”称为“三达德”，又将“仁义礼”组成一个系统，曰：“仁者人（爱人）也，亲亲为大；义者宜也，尊贤为大；亲亲之杀，尊贤之等，礼所生焉。”仁以爱人为核心，义以尊贤为核心，礼就是对仁和义的具体规定。

孟子在“仁义礼”之外加入“智”，构成四德或四端，曰：“仁之实事亲（亲亲）是也；义之实从兄（尊长）是也；礼之实节文斯二者是也；智之实，知斯二者弗去（背离）是也。”

董仲舒又加入“信”，并将仁义礼智信说成是与天地长久的经常法则（“常道”），号“正常”。曰：“仁义礼智信五常之道。”（《贤良对策》）

“仁义礼智信”为儒家“五常”。这“五常”贯穿于中华伦理的发展中，成为中国价值体系中最核心的因素。从字面意思来看，能爱人即为仁；义者，人字出头，加一点，在别人有难时出手出头，帮人一把，即为义；敬人即为礼；智者，知道日常的东西也，把平时生活中的东西琢磨透了即为智；信者，人言也。进一步说，仁是仁爱之心；义是处事得宜和合理；礼是人际关系的正常规范，如礼仪、礼制、礼法；智（或作“知”）是明辨是非；信是言无反复、诚实不欺。

三纲五常

“三纲”即“君为臣纲”“父为子纲”“夫为妻纲”;“五常”是指“仁、义、礼、智、信”。“三纲”“五常”这两个词来源于西汉董仲舒的《春秋繁露》一书。但作为一种道德原则、道德规范的内容，它渊源于先秦时代的孔子。

孔子曾提出了君君、臣臣、父父、子子和仁义礼智等伦理道德观念。孟子进而提出“父子有亲，君臣有义，夫妇有别，长幼有序，朋友有信”的“五伦”道德规范。董仲舒按照“贵阳而贱阴”理论，对“五伦”观念做了进一步的发挥，提出了“三纲原理”和“五常之道”。

董仲舒认为，在人伦关系中，君为主，臣为从；父为主，子为从；夫为主，妻为从。亦即所谓的“君为臣纲，父为子纲，夫为妻纲”这三纲。君、父、夫体现了天的“阳”面，臣、子、妻体现了天的“阴”面；阳永远处于主宰、尊贵的地位，阴永远处于服从、卑贱的地位。董仲舒又认为，“仁、义、礼、智、信”五常之道是处理君臣、父子、夫妻、上下尊卑关系的基本法则，治国者应该给予足够的重视。坚持五常之道，就能维持社会的稳定和人际关系的和谐。从宋代朱熹开始，“三纲”“五常”连用。

性三品说

汉董仲舒把人性分为圣人之性、中民之性、斗筲之性，认为“中民之性”可上可下，可善可恶，“性待渐于教训，而后能为善”。这就是“性三品说”

的基础。

董仲舒以后，王充明确指出：本性有善有恶，是指一般人的本性；孟子说的“性善”，是上等人的本性；荀子说的“性恶”是下等人的本性，从而更加明确了人性分为三等。

到了唐朝，韩愈作《原性》，明确提出“性三品说”。韩愈认为人的本性（仁、义、礼、智、信）是与生俱来的东西。上品的人，有一条做得很好，其他四条也能做到；中品的人，有一条做得较差，其他四条则勉强可以；下品的人，其中的一条会完全做不到，其他四条也常常违背。同时，韩愈提出对上品人用“教”的办法，对下品人用“制”的办法，使之“畏威”。教育可以使中品的人变好，但无法改变下品人的行为。

大同

“大同”一词最早见于《庄子·在宥》。“大同”谓与天地万物融合为一，是指“养心”应当“忘物”而言的。而用“大同”来描述“天下为公”这一理想社会的，则是在《礼记·礼运》。《礼记》是孔门后学解释《仪礼》时所作的记，附于礼经仪礼各篇之末，阐述仪礼各篇之义理。“大同”思想为孔子首创。

在大同时代，人人都把公共利益放在首位，讲究信誉，和他人友好，“鳏寡孤独者皆有所养”。财物虽然不可以随便浪费，却不一定要属于自己；不为社会贡献自己的力量会感到遗憾。这样的时代，不需要智慧和谋略，也没有偷盗和抢劫，人们不用关锁门窗。

小康

“小康”一词最早源自《诗经·大雅·民劳》：“民亦劳止，汔可小康，惠此中国，以绥四方。”其意是说，老百姓终日劳作不止，最大的希望就是过上小康的生活。“小康”在《礼记·礼运》中得到了较系统的阐述，成为仅次于“大同”的理想社会模式。

在小康时代，为政者以礼仪为标准，考察人们的行为，有功者赏，有过者罚，实行仁义，给人民以行为的规则：不这样做，就被认为是有罪，会被大家抛弃。

慎独

“慎独”是儒家创造出来的自我修身方法，最先见于《礼记·中庸》：“道也者不可须臾离也，可离非道也。是故君子戒慎乎其所不睹，恐惧乎其所不闻。莫见乎隐，莫显乎微，故君子慎其独也。”这里强调的“道”是“慎独”得以成立的理论根据。

《大学》：“所谓诚其意者：毋自欺也，如恶恶臭，如好好色，此之谓自谦，故君子必慎其独也。”其意思是，心要诚实，就是不欺骗自己。要像厌恶臭气和喜欢美丽的颜色一样，这样才能说自己意念诚实，心安理得。所以有道德修养的人要谨慎对待离群独居的生活。

更明确地说，“慎独”就是人们在个人独自居处的时候，也能自觉地严于律己，谨慎地对待自己的所思所行，防止有违道德的欲念和行为发生。“慎独”是一种道德自律，不完全依赖于外界条件的约束，也不自欺欺人地借修为的幌子而专做给别人看，沽名钓誉。

践履

践履本为足踏地之意，《诗经·大雅·行苇》:“敦彼行苇，牛羊勿践履。”后转为步行、经历等义，再引申为行动、实行、实践，从而具有了一定的哲学意义。

践履这个概念在宋明理学中运用得较为普遍。它的一般意义是行或实践，而其具体内容则多指封建道德的实践躬行。朱熹说：“《大学》之书，虽以格物致知为用力之始，然非谓初不涵养践履，而直从事于此也。”他认为从教育孩童孝悌诚敬开始，洒扫应对之间，礼乐射御之际，都要在涵养践履上下切实的功夫。他批评“今人之所谓践履者，只做得个皮草”，而他自己则“讲说时少，践履时多”。但是，在一般地讨论到知和行、穷理和践履的关系时，他总是强调必先求知明理而后践履。明代唯物主义哲学家王廷相的“履事”概念也相当于“践履”，他说：“学之术有二，曰致知，曰履事，兼之者上也。”这里表现了知和行并重的思想。

明清时期的唯物主义思想家则从行先知后、行高于知的意义上来强调践履的重要作用。例如王夫之说：“学之必兼笃行，则以效先觉之为，乃学之本义。……必以践履为主，不徒讲习讨论而可云学也。”认为学不只是讲习讨论，它本身就包括行，而且应该以践履、笃行为主要内容。王廷相、王夫之、颜元等人都很重视“践履”的作用。

三纲领

中国古代儒家经典《大学》中提出了“三纲领，八条目”的治国平天下准则。“三纲领”指的是明明德、亲民、至善。具体意义简释如下：

（1）明明德是任何人都禀受于天，至灵而不污染的本性，它能够与天地相沟通。“明明德”是肯定人类与生便有灵明的德性，现在要加以彰明，使之自觉。人之行善避恶，有内在本然的基础。道德实践的价值是由内而发的，人性是向善的。

（2）亲民是在明晓自身本性的善德之后，帮助其他人去除污染心灵的东西，使他们像自己一样能够达到心灵纯洁的境界。觉悟“明明德”这一天生的能力之后，就须“亲民”，“亲者新也，日新又新”，使自己无时无刻不在行善之途上前进。

（3）至善是指心灵获得最大程度的自由，达到自然与事物发展相统一的境界。明明德和亲民的一致方向是“至善”。以“至善”为方向或目标，等于是永无止境的期许。

八条目

“八条目”指的是格物、致知、诚意、正心、修身、齐家、治国、平天下。具体意义简释如下：

（1）格物，就是要求人们亲历其事，亲操其物，即物穷理，增长见识。

在读书中求知，在实践中求知，而后明辨事物，尽事物之理。

（2）致知，就是从推致事物之理中，探明本心之知。所谓知，指道德意识而言，知既至，则能明是非、善恶之辨，闻见所及，胸中了然。物格而后知至。如一面镜子，本来全体通明，只被事物昏蔽，暗淡不清，现在逐渐擦去灰尘，使之恢复光明，获得真知。

（3）诚意，就是要意念诚实。知既尽，则意可得而实，发于心之自然，非有所矫饰，自然能做到不欺人，亦不自欺。"慎独"，严格要求自己，修养德性，知至而后意诚。

（4）正心，就是要除去各种不安的情绪，不为物欲所蔽，保持心灵的安静。意不自欺，则心之本体，物不能动，而无不正。心得其正，则公正诚明，不涉感情，无所偏倚。故意诚而后心正。

（5）修身，就是要不断提高自己的品德修养。只有自身的品德端正，无偏见，无邪念，才能为人民所拥护。修身是"格物、致知、诚意、正心"的落脚点，又是"齐家、治国、平天下"的始发点。心正而后身修，身修而后家齐。

（6）齐家，就是要和管理好自己的家庭，只有教育好自己的家庭成员，才能教化人民。

（7）治国，就是要为政以德，实行德治，布仁政于国中。君主要像保护初生的小孩那样保护人民，以至善之德教化人民，使人民除旧布新，日新又新。统治者要使"仁、敬、孝、慈、信"的仁爱之风充满全国，国治而后天下平。

（8）平天下，就是要布仁政于天下，使天下太平。平天下最重要的是要求君主具有"以度己之心度人"的崇高品质，成为天下人的榜样。由于平天下是多方面的，这就要求君主尊老兴孝，敬长兴悌，恤孤爱民，布行仁政。君主要实行恕道（己所不欲，勿施于人），坦诚至公，以德为本，举拔贤臣，提倡忠信，开源节流，以义为利，如此则能臻天下太平之境界。

中庸之道

中庸之道，亦即君子之道。

中庸之道的内涵是什么？有道是“不偏之为中，不易之为庸”。“中庸”之“中”，表征为一个恰切的“度”，是在面对复杂对象时精确把握事情的“分寸”。“中”强调的度既不能过（过分），又不能不及（达不到）。这一合适的“度”非同小可，不可小看。“中庸”实际上强调的是“凡事有度，过犹不及”的理念。也就是说，超过和不足都不可取，什么问题都要在“过”与“不及”之间寻找到平衡点。

把中庸之道看作是“和稀泥”、“折中主义”，其实是误解。折中主义最大的弊端就是缺乏原则性。孔子的中庸之道则与此不同，“中”还意味着合乎一定的标准或法则。“中庸”是“执两用中，和而不同”，即中和。两方面有不同的意见，应该使它能够中和，保留其对的一面，舍弃其不对的一面，这才是正确的中庸之道。

忠恕之道

据《论语》记载：“樊迟问仁，子曰：‘爱人。’”又对子贡说：“夫仁者，己欲立而立人，己欲达而达人。”孔子认为，仁就是推己及人的忠恕之道。

所以，曾子指出：“夫子之道，忠恕而已矣。”（《论语·里仁》）朱熹注：“尽己之谓忠，推己之谓恕。”

忠恕之道在《大学》里被称作“挈矩之道”。《大学》说：“所恶于上，毋（勿）以使下。所恶于下，毋以先后。所恶于后，毋以从前。所恶于右，毋以交于左。所恶于左，毋以交于右。此这谓挈矩之道。”这就是“己所不欲，勿施于人”的忠恕之道。其实质是仁慈博爱，要求人们做到“我不欲人之加诸我也，吾亦欲无加诸人”（《论语·公冶长》）。

《中庸》继承并发扬了孔子的忠恕之道和《大学》的挈矩之道，进一步提出了“以人治人”，要求人们用爱自己的心去爱他人，用责备他人的心来责备自己，用自己的真诚忠恕去感召人、感化人、塑造人。只要坚持忠恕之道，人们就会相安无事、和平共处，人们就会达到素其位而行、无入而不自得焉、上不怨天、下不尤人的思想境界。

性命双修

性命双修是中国古代人体观的范畴之一，指身心全面修炼。性命一词，原指“人性”和“天命”，是性与命的统一。后来，人们赋予它新的内涵，即指修性与养命。在修养顺序上，有的主张“先性后命”，也有的主张“先命后性”。其修养原则为“性为主导，命为基础”，以静为主，以动为辅，性命合一。其方法是以静养神，以动养形，即以静坐、行气、存神、诵经来养神；以导引、按摩、散步、登涉来养形。其根本宗旨，是以调动人体精、气、神的运化、聚合，达到形神永固、身心两健。性命双修成为人们养生保健、延年益寿的指导思想和方法论原则，其哲学基础是唯物辩证法的“两点论”和“重点论”相统一的原理。

和与同

“和”与“同”是春秋时代的两个常用术语。《左传·昭公二十》所载晏子对齐景公批评梁丘据的话和《国语·郑语》所载史伯的话都对其解说得非常详细。“和”如同五味的调和、八音的和谐，一定要有水、火、酱、醋各种不同的材料才能调和滋味；一定要有高下、长短、疾徐各种不同的声调才能使乐曲和谐。晏子说：“君臣亦然。君所谓可，而有否焉，臣献其否以成其可；君所谓否，而有可焉，臣献其可以去其否。”因此史伯也说：“以他平他谓之和。”

“同”就不如此，用晏子的话说：“君所谓可，据亦曰可君所谓否，据亦曰否；若以水济水，谁能食之？若琴瑟之专一，谁能听之？‘同’之不可也如是。”

按以上说法，“和”的前提是承认并允许彼此有差异、有区别、有分歧，然后使它们调整到某种适当的地位、情况、结构中，于是各得其所，而后整体便有“和”——和谐或发展。中国哲学一直强调“和”，即强调“度”（处理各种差异、多元的适度），强调“过犹不及”和“中庸”，其道理是一致的，此所谓“吾道一以贯之”。

精气神

精、气、神概念源于先秦哲学与医学。《周易 · 系辞上》说："精气为物，游魂为变，是故知鬼神之情状。"意思是说，精致的气凝聚而成物形，气魂游散而造成变化，考察物形的变化，这就能够知晓"鬼神"的真实状态。在上古哲学中，不仅有"精气"的概念，而且有"精神"的概念，《庄子 ·列御寇》在描述"至人"的生活状态时即使用了"精神"的术语。在《庄子》中，"精神"指的是人的"心志"。战国以来的"医家"既使用"精气"概念，也使用"精神"概念。如《黄帝素问 ·生气通天论》即说："阴平阳秘，精神乃治；阴阳离决，精气乃绝。"《素问》这里所谓"阴"指的是蕴藏"精气"的脏腑，而"阳"指的是保卫脏腑的外围组织。在《素问》看来，脏腑必须平和，而外围组织则应坚固而不泄漏。如果脏腑与外围组织不能配合，则精气就耗散不能生存了。

道

"道"是道家始祖老子提出的重要哲学概念。老子认为，"道"是产生世界万物的本原，万物都是"道"的派生者。"道"是天地之根，万物之母，万物之宗。他说："道可道，非常道；名可名，非常名。无名，天地之始，有名，万物之母。"这就是说，万物是可以言说的，而产生万物的道，却是不可言说的。可以言说的道，不是恒常不变的道；万物是可以命名的，给万物命名的道，却是不可以命名的。“天下万物生于有，有生于无。”所以，无名之道，才是产生天地的始基。

不难看出，老子所说的“道”就是“无”，它是不具有任何具体物质属性和形象的。老子说：“道冲而用之或不盈。渊兮似万物之宗。”也就是说，“道”这个东西是空虚无形的，可是它永远也用不尽，非常渊深，貌似是万物的祖宗，是天地产生的总根源。

无为而治

“无为”是老子提出的政治思想，是相对于政治上的“有为”而言的。

老子指出，“有为”政治带来的祸害十分严重。他说，“天下多忌讳，而民弥贫”；“法令滋彰，盗贼多有”，也就是说，防禁越多，人民越陷入贫困；法令越森严，盗贼越增加。统治者越是强作妄为，人民越是难以管理。

统治者正确的做法是“无为而无不为”。“无为”指的是，统治者在表面上应该少一点欲望，少一点作为，对人民顺其自然，这样做，统治才能得到巩固。

老子认为，虚无的东西才是最有用的东西。例如车轮，如果没有中间的圆洞，就不能转动了。茶杯、瓷碗等器皿，如果没有空的地方，就不能装东西。门户如果没有空处，就不能出入。房屋如果没有空处，也不能住人。所以，无和空才是有用的。我们对待事情，无为正是有所作为。

小国寡民

据《老子》记载："小国寡民，使有什伯之器而不用，使民重死而不远徙。虽有舟舆，无所乘之；虽有甲兵，无所陈之，使民复结绳而用之。甘其食，美其服，安其居，乐其俗。邻国相望，鸡犬之声相闻，民至老死不相往来。"

大致是说，国家要小，百姓也要少，这样即使有各种各样的器具也派不上用场。使百姓看重生命，不到处搬迁。即便有船车，却没地方乘坐它们；虽然有武器装备，却没地方陈列它们，使人民再用结绳的方法来记事，使人民有吃有穿，能够安居乐俗。邻近的国家互相望得见，鸡鸣狗叫的声音互相听得见，而人民直到老死也不相往来。

由上可知，"小国寡民"是老子理想的社会和国家形态。老子认为，人们欲望的过分，法令的繁多，知识的追求和讲究虚伪的仁义道德等，是社会混乱和争战的根源。要使天下太平，没有争夺，就得取消知识、道德以及新颖的器具和财货。

心斋

《庄子·人世间》："颜回曰：敢问心斋？仲尼曰：若一志，无听之以耳，而听之以心；无听之以心，而听之以气。听止于耳，心止于符。气也者，虚而待物者也。唯道集虚，虚者，心斋也。"颜回请教孔子"心斋"的道理，孔子告诉颜回，人应该把心中的注意力集中在一处，不要胡思乱想。

等到注意力集中起来之后，就可以用“听”字法诀，但又不是用耳朵去听，而是用心去听；这还是粗浅的说法，再深一层功夫来讲，也不是用心去听，而是用“气”去听。到了这样的境界，耳听的作用早已停止了，心也与气合而为一，没有后天知觉了。“气”的本质是虚的，正因“虚”所以才能容纳物体；只有“道”才能把“虚”集合在一起。如果能做到心同太虚，也就到达“心斋”之境了。

孔子和颜回的这段谈话完全出自假托，表达的其实是庄子的“心斋”思想。庄子认为，人只有放弃心耳口鼻的执著，进入凝寂虚空的境界，才是真正的斋，即心斋。

坐忘

在《庄子·大宗师》篇里，庄子假托孔子与颜回的对话，谈及“坐忘”的问题。颜回去见孔子，说自己达到了“坐忘”的境界。孔子蹴然曰：“何谓坐忘？”颜回曰：“堕肢体，黜聪明，离形去知，同于大通，此谓‘坐忘’。”意思是说，不知四肢形体的存在，弃却耳聪和目明，分离身形，去掉智慧，和同于大通之道，便是坐忘之境。孔子大为赞叹。

由此可知，“坐忘”并不仅仅指静坐的姿态，也不仅仅指所谓“忘”的状态，更不是一种自我陶醉或麻醉，它应该是一种用身心求证到的、实有的生命状态，是超越了世俗现实世界的种种规则之后，心无挂碍的状态。“坐忘”的深层内涵，在于通过“坐”的沉思默想，进入“忘”的境界，达到“解心释神”与“致道”的终极目标。所谓“解心释神”，即要求世人从自我的内心深处自觉地解脱与自然本性无关的诸多精神上的烦恼；而“致道”则是怀着一颗透明澄澈的心，以求道德上的升华，最终达到“逍遥”的至高境界。

法术势

春秋末年的“三晋之学”，是法家思想的滥觞。韩非以前的法家有三派：

其一重“术”，以在战国中期相韩昭侯的“郑之贱臣”申不害为宗。“术”，即人主操纵臣下的阴谋，那些声色不露而辨别忠奸，赏罚莫测而切中事实的妙算。

其二重“法”，以商鞅为宗。他的特殊政略是以严刑厚赏来推行法令，使凡奉法遵令的人无所缺赏，凡犯法违令的人无所逃罚。

其三重“势”，以赵人慎到为宗。“势”，即威权。这一派要把政府的威权尽量扩大而且集中在人主手里，使他成为令众人恐惧的对象，好镇压臣下。

韩非继承“三晋之学”，又把老师荀子的“礼”改造成“法”，整合上述三种观点，建立了“法”“术”“势”相结合的法家体系，从而成为集大成者。明君如天，执法公正，这是“法”；君王驾驭人时，神出鬼没，令人无法捉摸，这是“术”；君王拥有威严，令出如山，这是“势”。法、术、势三者“不可一无，皆帝王之具也”。

五德终始

邹衍，也作驺衍，被人们称为“谈天衍”。战国末期齐国人，哲学家、阴阳家。建立于阴阳五行基础上的“五德终始”说是他学说的核心所在。

邹衍认为，从天地剖判以来的人类社会都是按照五德（即五行之德）转移的次序进行循环的。而五德转移是仿照自然界的五行相克，即土克水、木克土、金克木、火克金、水克火的规律进行的。人类社会的历史变化同自然界一样，也是受土、木、金、火、水五种物质元素支配的，历史上每一个王朝的出现都体现了一种必然性。

《文选·魏都赋》李善注引《七略》曰：“邹子有终始五德，从所不胜，木德继之，金德次之，火德次之，水德次之。”邹衍的“五德终始”论，即水德克火德，火德克金德，金德克木德，木德克土德，土德克水德。它实际上是一种循环论和命定论。

第二章
西方哲学概念

形而上学

形而上学是哲学术语，也叫“第一哲学”，如笛卡尔的《第一哲学沉思录》也被称为《形而上学沉思录》。亚里士多德把人类的知识分为三部分，用大树做比喻：第一部分，最基础的部分，也就是树根，是形而上学，它是一切知识的奠基；第二部分是物理学，好比树干；第三部分是其他自然科学，以树枝来比喻。中文译名“形而上学”取自《易经》中“形而上者谓之道，形而下者谓之器”一语。

形而上学的问题通常都是充满争议而没有确定的结论的。这一方面是因为经验事实所累积的资料，作为人类知识的最大宗，通常无法解决形上学的争议；另一方面是因为形上学家们所使用的词语时常混淆不清，他们的争论因而为成为一笔各持己见但却没有交集的烂账。

通俗地讲，形而上学有两种意思：一是指用孤立、静止、片面、表面的观点去看待事物；二是指研究单凭直觉（超经验）来判断事物的哲学；有时也指研究哲学的本体论。

辩证法

辩证法源自希腊语“dialego”，意为谈话、论战的技艺，指一种逻辑论证的形式。

辩证法的基本观点是认为斗争与联合相联结。这个思想也是辩证法作为方法论的基本思想。它时常只见斗争，不见联合，或者只见联合，不见斗争。辩证法的核心是斗争论。或者说，辩证法就是矛盾论。现在常用于包括思维、自然和历史三个领域中的一种哲学进化的概念，也用来指和形而上学相对立的一种世界观和方法论。

不同时期、不同国家的哲学家对辩证法有不同的认识。古希腊哲学家认为它是论证和分析命题中的矛盾、揭露谈话的矛盾及以克服矛盾的方法。德国哲学家黑格尔认为，辩证法研究对象本质的自身矛盾，不仅是一种思维方法，而且是一种宇宙观。马克思主义批判地继承了黑格尔的思想，认为辩证法是客观世界本身固有的规律，是关于普遍联系和发展的学说。思维中的辩证法是客观规律在人的头脑中的反映。

逻各斯

欧洲古代和中世纪常用的哲学概念。一般指世界的可理解的规律，因而也有语言或“理性”的意义。这个词本来有多方面的含义，如语言、说明、比例、尺度等。

赫拉克利特最早将这个概念引入哲学，在他的著作残篇中，这个词也具有上述多种含义，但他主要是用来说明万物的生灭变化具有一定的尺度，虽然它变幻无常，但人们能够把握它。在这个意义上，逻各斯是西方哲学史上最早提出的关于规律性的哲学范畴。亚里士多德用这个词表示事物的定义或公式，具有事物本质的意思。西方各门科学如“生物学”“地质学”中词尾的“学”字（-logy），均起源于逻各斯这个词，“逻辑”一词也是由它引申出来的。

黑格尔很重视“逻各斯”概念，他将赫拉克利特提出的“逻各斯”主要解释为理性，后来一些哲学史家也跟从他的说法。但最近一些哲学家则倾向于将赫拉克利特所说的“逻各斯”解释为尺度、规律。

假相

英国近代哲学家培根提出的哲学概念。拉丁文为“idolae”，又译为偶像、幻象，意思是使人陷于谬误的、种种不良的心理习惯和虚妄观念，是阻挠人们获得真理性认识的障碍。

培根认为假相有四种：

（1）种族假相，指人们常把自己的本性掺杂到事物的本性中，因而歪曲事物的真相。他认为这是人类共有的天性。

（2）洞穴假相，指人们从自己的个性、爱好、所受教育、所处环境出发去观察事物时所受到的局限，这是个人独有的偏见。

（3）市场假相，指人们在交际中由于语言概念的不确定、不严格而产生的思维混乱。

（4）剧场假相，指盲目顺从传统的或流行的各种哲学的原理、体系及权威而产生的谬误。

培根认为，只有坚决否定和摒弃这些假相，人们的理解力才能得到彻底解放，才能进入以科学为基础的人的王国。培根的假相说是对人类认识产生谬误的根源的探索和尝试，也是对经院哲学的权威主义、烦琐主义、教条习气、伪科学等有力的揭露和批判。

实体

“实体”是古希腊哲学家亚里士多德首创的一个重要哲学概念，也是后来西方哲学史上许多哲学家使用的重要哲学范畴，又译为本体。其含义一般是指能够独立存在的，作为一切属性的基础和万物本原的东西。

亚里士多德认为实体是独立存在的东西，是一切属性的承担者，从语言和逻辑上说它处于主词地位，其他表示数量、性质的范畴依附于实体，处于宾词的地位，只能用来说明主词。他认为实体的主要特征是：它是“这个”而不是“如此”，是独立的，可以分离存在的；实体在保持自身不变的同时，允许“由于自身变化”而产生不同的性质，例如，同一个人可以有时健康，有时生病，但仍是这一个人；实体是变中不变的东西，是生成变化的基础。对此，亚里士多德明确指出：“这是实体的最突出的标志。”

根据这些标准，亚里士多德认为个体，如这个人、这匹马，才是真正的、第一性的、确切意义而言的“实体”，它们是所有其他东西的基础和主体。“人”、“动物”这些一般的“属”和“种”则是第二实体。这体现了亚里士多德的唯物主义思想。

形式

形式是亚里士多德和中世纪哲学曾使用过的哲学概念。培根沿用它，并赋予其新的内容，用来指称事物的内在结构或规律。

在亚里士多德看来，形式、质料和具体事物都是实体，有时甚至可以说只有形式才是实体。

培根则认为物质性的事物才是实体，形式则是物质的结构。他坚持形式与事物的性质不可分的观点。他在《新工具论》中明确指出："形式不是别的，正是支配和构造简单性质的那些绝对现实的规律和规定性。"他认为形式是物体性质的内在基础和根据，是物质内部所固有的、活生生的、本质的力量。物质之所以具有自己的个性，形成各种特殊的差异，都是由于物质内部所固有的本质力量，即形式所决定的。人们只要认识和掌握了形式，就可以在极不相同的实体中抓住自然的统一性，就可以在认识上获得真理，在行动上得到自由。他把发现和认识形式看做人类认识的目的。

自因

17 世纪法国哲学家笛卡尔在《形而上学沉思录》中使用过"自因"的概念，他认为上帝是自因。

17 世纪荷兰哲学家斯宾诺莎批判地继承和发展了笛卡尔的思想，把自因作为他自己的哲学体系中的一个重要范畴。他在《伦理学》中说："我把自身的原因理解为这样的东西，它的本质就包含着存在，或者它的本性只能被设想为存在着。”在他看来，实体，即无所不包的统一的自然，是独立存在的，自然就是它自身存在和活动的原因。他要求从自然界事物自身的相互作用来说明事物，而不要孤立地观察，更不要在自然之外去寻求原因。斯宾诺莎的自因学说既坚持了唯物主义观点，又包含了辩证法思想。

黑格尔发挥斯宾诺莎这一思想，用以说明原因与结果的辩证关系。他在《哲学全书》中指出，原因真正讲来，就是自因，因为只有在结果中，原因才变成现实的，才成为原因。

第一推动者

亚里士多德提出的哲学术语。指善、理性、神。在他的《形而上学》第十二卷中对此做了表述。

他认为，运动是永恒的，因此必然有永恒的运动原因。这个原因本身不能再是运动的，否则就得再找一个更高一级的动因。他称自身不动的永恒的动因为第一推动者，也称“不动的动者”。形式和质料、潜能和现实是相对的，事物的发展是质料形式化的过程，是潜能向现实转化的过程，也是从低级向高级发展的过程。从逻辑上讲，在发展的最高点就是不带任何质料的纯形式，即没有任何潜能的纯现实，不动的永恒的动因，这就是善、理性或神。

绝对观念

黑格尔提出的哲学概念，又称绝对理念，是作为一切存在的共同本质和根据的某种无限的客观的思想、理性或精神。自然、社会、人的思维是它特殊存在的不同形态；艺术、宗教、哲学是它认识自身的不同方式。广义的绝对观念同绝对精神互用，狭义的绝对观念指尚未表现为自然和人类精神的逻辑理念，从抽象到具体的辩证发展的最高阶段和最后结果。

实践范围

人们的一切实践都是在一定范围内进行的。“实践范围”这个词，曾被许多哲学家，特别是唯物论哲学家频繁地使用。但是在多数场合，它只被当作无需深究的定语或补语，不成其为研究的主要对象。因而，实践的哲学有如无缰之马，往往不经意地闯入荒谬的境地。另一方面，离开实践范围的研究，则一切关于人的认识的此岸性，以及认识论与本体论之统一的论证，都成了不着边际的事情。

实践范围是原始世界向人的生成与发展，是因人的实践从自在的物质世界区别出来的部分。人们以自己的感觉能力为尺度，将物质世界一分为二：其感觉到的部分为人类的实践范围，在这个范围之外的则仍属于自在范围。实践范围所囊括的空间层次和时间跨度都是有限的，只表现为事物的部分属性和运动形式。

二律背反

二律背反是18世纪德国古典哲学家康德提出的哲学概念，意指对同一个对象或问题所形成的两种理论或学说虽然各自成立但却相互矛盾的现象。

纯粹理性的二律背反的发现在康德哲学形成过程中具有重要意义，它使康德深入到对理性的批判，不仅发现了以往形而上学陷入困境的根源，而且找到了解决问题的途径。

康德将二律背反看作源于人类理性追求无条件的东西的自然倾向，因而是不可避免的，他的解决办法是把无条件者不看做认识的对象而视之为道德信仰的目标。虽然他对二律背反的理解主要是消极的，但他亦揭示了理性的内在矛盾的必然性，从而对黑格尔的辩证法产生了深刻影响。

生命之流

法国生命哲学家伯格森的哲学概念，又称为生命冲动。

伯格森认为，宇宙的本质不是物质，而是一种“生命之流”，即一种盲目的、非理性的、永动不息的而又不知疲倦的生命冲动，它永不间歇地冲动变化着，故又称“绵延”。“生命之流”的运动有如一个漩涡之流，生命向上冲，物质向下落，二者的碰撞结合产生了生物。处于漩涡中心的是人的生命和意识，其次是动物的生命，外缘是植物的生命。而脱离漩涡下落的是物质，物质是堕落的生命。

伯格森他又称这种“生命之流”为上帝。他认为上帝和“生命之流”是同一种东西，最后把“生命之流”和上帝完全等同起来。

第二篇

玄妙的哲学问题

第一章
哲学为何物

哲学是什么

哲学（philosophy）是从希腊字“Φιλοσοφ？α”（英文 philosophia）转变而来，意思为“爱好智慧”，或是比较少用的“智慧的朋友”。哲学是难以被定义的，因为有众多分歧的观念都被视作为哲学。

皮尔金哲学辞典中定义哲学为：“有关思想，行为，与实在中最基本与普遍的概念。”皮尔金百科中提到哲学与科学的差别在于，哲学问题的答案不能仅由经验证据来得到。无论如何，这些观点都被牛津哲学辞典所挑战：“二十世纪晚期……偏向于将哲学思考视为对于任何一种智识探索的最好实践。”的确，许多早期哲学家在自然哲学方面的观察最后都形成了现代科学的重要基础。

另外，哲学较不正式的用法可能是指一种特别的方法或是信念。古希腊的自然派哲学家被认为是西方最早的哲学家，不管他们认识世界的方式是否正确，他们的想法都有别于迷信，因为他们是以理性辅佐证据的方式归纳自然界的道理的。苏格拉底、柏拉图与亚里士多德奠定了哲学的讨论范畴，他们提出的有关形而上学、知识论与伦理学的问题至今依然被哲学家们所探讨。

有些现代哲学家认为，直到今日的哲学理论依旧只是在为他们三人做注脚而已。换言之。即使数千年后，我们依旧在试着回答他们所提出的问题，这也代表着我们依然为这些问题或是这些问题所延伸的更多问题而感到困惑。

“哲”一词在中国起源很早，历史久远。如“孔门十哲”“古圣先哲”等词，“哲”或“哲人”，专指那些善于思辨、学问精深者，即西方近世“哲学家”“思想家”之谓。一般认为中国哲学起源于东周时期，以孔子的儒家、老子的道家、墨子的墨家及晚期的法家为代表。而实际上在之前的《易经》当中，已经开始讨论哲学问题。

19世纪70年代，日本最早的西方哲学传播者西周借用古汉语译作“哲学”。1896年前后，康有为等人将日本的译称介绍到中国，后渐渐通行。在西方，“哲学”一词通常用来说明一个人对生活的某种看法（例如某人的“人生哲学”）和基本原则（例如价值观、思想、行为）。而学术上的哲学，则是对这些基本原则的理性根据的质疑、反思，并试图对这些基本原则进行理性的重建。

哲学就是爱智慧

哲学是专属于人的，因为它本身不是智慧，而是对智慧的爱。柏拉图曾经借苏格拉底之口说：智慧这个词太大了，它适合神，而“爱智慧”这类词倒适合人类。所以说，没有对智慧的爱，抱着功利的态度去对待哲学，是进入不了哲学的。一个人如果从哲学中仅仅看到若干范畴和教条，当然会觉得枯燥乏味，那么他也算枉学了哲学。只有那些带着泪和笑感受并思考人生与世界的人，才能真正领略哲学的魅力。

黑格尔说，同一句格言，从一个饱经风霜、备受煎熬的老人嘴里说出来，和从一个天真可爱、未谙世事的孩子嘴里说出来，含义是根本不同的。“那些宗教真理，虽然小孩也会讲，可是对于老人来说，这些宗教真理包含着他全部生活的意义。即使小孩也懂得这些宗教真理的内容，可是对他来说，在这个宗教真理之外，还存在着全部生活和整个世界。”黑格尔这段话告诉我们，哲学不仅仅是一种慎思明辨的理性，而且是一种体会到的真切的情感；哲学不仅仅是一系列概念的运动和发展，而且蕴涵着极其深刻的生活体验。人们要真正进入哲学思考，还必须具有中国传统哲学所提倡的体会、顿悟、品味的本领。

哲学源于惊讶

惊讶的情绪在人的不同年龄段，有着不同的表现。刚刚出生的孩子，对这个充满神秘色彩的世界一无所知，所以他们对任何事情，都会毫无例外地、自然地流露出好奇、莫名惊诧的神态，凡事都要问一个“为什么”。随着年龄的增长，这种惊讶、好奇的情绪逐渐减弱，以至到了老年，人就会对什么事物都漠不关心，好像对什么都“不动心”。对于个人来说，这种“不动心”状态的出现，标志着人走向衰老；而对于人类来讲，这种“不动心”状态的出现，就意味着人类的消沉和没落。

但在哲学领域中，惊讶却采取了一种截然不同的形式。哲学发展起来后，作为推动力的惊讶，会不会成为多余的，进而消失呢？不会的。哲学固然起源于惊讶，而哲学活动本身也是保有惊讶的最好的活动和场所。但在哲学的思考中，惊讶作为人的一种内在情绪，始终处在一种激活的状态之中。哲学活动的每一个步骤或阶段，都充满种种问题或迷惑，因此要求哲学家在思想的每一个阶段，都保有惊讶的情绪。没有惊讶的心理状态，就发现不了新的东西，也将永远生活在一个没有变化、没有发展、毫无新意的世界之中。

可见，惊讶是哲学活动的开端，也是哲学进一步发展的动力。

哲学的基础

古希腊哲学家通过提出问题来进行哲学实践，他们所提的问题大致可以归为三类，这三类问题分别形成了哲学的基础学科，即形而上学（Metaphysics）、知识论（Epistemology）以及伦理学（Ethics）。最初的三类问题分别是：有关世界的本质与真理的问题；有关我们如何知道或认识真理的问题；有关生命意义与道德实践的问题。必须要注意的是，这三门主要学科并非壁垒分明，事实上在许多方面它们互相覆盖到彼此的领域，一个具有说服力的形而上学主张不可能忽略知识论的理论基础。同样的知识理论就是在架构主体与形而上学事实之间的关系。而道德的实践往往与道德真理的存在与否和我们怎么去了解它息息相关。

哲学的困难在于，一个完整的理论通常必须在形而上学与知识论领域都有良好的说服力。多数哲学家只专精于一个领域，例如他在形而上学领域的主张很具说服力，知识论上却无法说服我们。只有少数具有热情与天赋的哲学家才能精通各个领域并且提出一套自己的理论。这样的哲学家更容易名留青史，他们的理论通常非常具有说服力并且横扫历史改变了人类对世界的看法。从西方学术史看，科学是哲学的衍生物。后来，科学独立为与哲学并行的学科，与哲学有互动关系。科学产生知识，哲学产生思想。马克思主义认为，哲学也是一种社会意识形态。

现代西方哲学中有科学哲学，是专门研究有关科学的理论。这种理论研究了科学的历史，为科学总结了许多理论模型，但这也只是解释了科学，并不能指导科学。哲学是人类了解世界的一种特殊方式，是使人崇高起来的一门学问。

哲学的价值并不在于它能对所提出的问题提供确定的答案，而是在于这些问题本身；这些问题可以扩充我们对于一切可能事物的概念，丰富我们心灵方面的想象力，并且减低教条式的自信。此外，通过哲学冥想中的宇宙之大，心灵会变得伟大起来，因而就能够与那被称为至善的宇宙结合在一起。

哲学活动的本性

哲学是一种生活方式，一种人生态度。它对一切问题都要追本溯源、寻根究底，作一番反省性或前瞻性的思考；它在别人从未发现问题的地方发现问题，对人们通常未加省察和批判就加以接受的一切成见、常识等进行批判性地省察，质疑它的合理性根据和存在权利。科学的一切领域、人生的一切方面都向哲学思维敞开，接受哲学家的质疑、批判与拷问；同时哲学思维本身也向质疑、批判和拷问敞开，也要在这种质疑、批判和拷问中证明自身的合理性。这就是哲学思维的敞开性。哲学活动因此成为一种质疑、批判和拷问的活动，其具体任务包括两个：一是揭示、彰显暗含在人们日常生活中所拥有的各种常识、成见和理论背后的根本性假定和前提；二是对这些假定或前提的合理性进行质疑、批判和拷问，迫使它们为自己的合理性进行辩护。正是在这种意义上，可以把哲学活动看作是一种前提性批判。

当代西方最有影响力的哲学家之一卡尔·波普指出："所有的人，无论男人还是女人，都是哲学家。假如他们没有意识到有哲学问题，他们至少怀有哲学成见。其中大多数成见是他们未经考察就接受下来的理论：他们从其智力环境或传统中吸收了这些理论。""人们有必要批判地考察这些广为流传、影响深远的理论，这就是为职业哲学家的存在权利所作的申辩。""所有哲学都必须从可疑的并且常常是有害的未经批判的常识观开始，其目的是要达到澄明的、经过批判的常识，达到一种更接近真理并对人类生活更少有害影响的常识。"

什么样的人是哲学家

《思想家》里有一段话说的是："如果不对假定的前提进行检验，将它们束之高阁，社会就会陷入僵化，信仰就会变成教条，想象就会变得呆滞，智慧就会陷入贫乏。社会如果躺在无人质疑的教条的温床上睡大觉，就有可能渐渐烂掉。要激励想象，运用智慧，防止精神生活陷入贫瘠，要使对真理的追求（或者对正义的追求，对自我实现的追求）持之以恒，就必须对假设质疑，向前提挑战，至少应达到足以推动社会前进的水平。人类和人类思想的进步部分是反叛的结果，子革父命，至少是革去了父辈的信条，而达成新的信仰。这正是发展、进步赖以存在的基础。在这一过程中，那些提出上述恼人问题并对问题的答案抱有强烈好奇心的人，发挥着绝对的核心作用。这种人在任何一个社会中都不多见。当他们系统从事这种活动并使用同样可以受到别人批判检验的合理方法时，他们便被称之为哲学家了。”

哲学家就是这样一群爱刨根问底、总在质疑的人，他使别人的生活不得安宁，也使自己的生活不得安宁。平常人一般是切切实实地活在这个世界上，日出而作，日落而息，饮食男女，安享生活之乐。而一个哲学家却要追问："我"是谁？从哪里来？到哪里去？"我"在这个世界上处于何种位置？"我"在生活的这个世界是独立于还是依赖于"我"的存在？"我"是否包括心与身？这两者如何作用？"我"能否认识这个世界？如何认识这个世界？其途径和方法是什么？"我"能否获得关于这个世界的确实的知识？"我"应该如何活在这个世界上？如何处理"我"与自然、与他人、与社会的关系？人生是否有目的或意义？如果有，其目的或意义是什么？为什么是这种目的或意义而不是另外一种？再如，人们常说，某人有权利做某事，而另外一人则没有权利这样做。哲学家对此却要追问：究竟什么叫权利？它是某种与生俱来、因循承袭的东西吗？它是某种打在你身上的印记吗？或是人的某种基本特性？或是某人给予你的东西？如果是，是谁？通过什么程序？权利可以被授予吗？可以被收回吗？由谁来予夺？他又根据什么？是否存在可以授予和取消其他权利的权利？这种权利又意味着什么？权利可以丧失吗？是否存在某些你的天性中固有的权利？这就是所谓的天赋权利吗？如果是，"天"字在这里又做何解释？你又怎样知道天赋权利包括哪些内容？

无穷的追问产生无穷的烦恼，但也会带来人类智慧真正意义上的进步。苏格拉底毫无疑问是此类哲学家的始祖和典范。他运用著名的"苏格拉底助产术”，通过比喻、启发等手段，用发问与回答的形式，使问题的讨论从具体事例出发，逐步深入，层层驳倒错误意见，最后走向某种确定的知识。这种设问法一般被概括为反讥、归纳、诱导、定义四个环节。据记载，苏格拉底总是在公共场合向遇到的人提出质疑，特别是对那些自诩有坚定的伦理信仰的人。他开始提问时总是很谦谨，例如：请教一下，什么是德行？什么是勇气？什么是友谊？然后抓住他的谈话对象愿意接受的命题和观点一路追问下去。他要求对手给出关于这些问题的一个概括性说明和总体定义。当他得到这类定义或说法时，他会进一步问更多的问题，以显示这个定义可能存在的弱点。在他的诘难之下，与他讨论的人通常会放弃自己开始给出的定义而提出一个新定义，而这个新定义接着又会受到苏格拉底的质询，最后这个谈话对象会被弄得一脸茫然、满腹狐疑。就这样，苏格拉底把刻在德尔斐神庙门楣上的那句格言“认识你自己”变成了他的终身践履，他不仅要证明他人的无知，而且要证明他自己除了知道自己无知外，其实也一无所知。

哲学是一种生活方式

对于最早的哲学家来说，哲学不是学术，更不是职业，而是做人处世的基本方式和状态。用尼采的话说，包括赫拉克利特、阿那克萨哥拉、恩培多克勒在内的前苏格拉底哲学家是一些“帝王气派的精神隐士”，他们过着远离世俗的隐居生活，不收学生，也不过问政治。苏格拉底虽然招收学生，他的传授方式仅是街谈巷议，没有学校的组织形式，他的学生各有自己的职业，并不是要向他学习一门借以谋职的专业知识，师生间探究哲理本身就是目的所在，就构成了一种生活。柏拉图和亚里士多德开始建立学校，但不收费，教学的方式仍是散步和谈话。例外的是那些被称作“智者”的人，他们四处游走，靠教授智术（即辩论术）为生，收取学费，因此遭到了苏格拉底等人的鄙视。正是为了同他们相区别，有洁癖的哲学家宁愿自称为“爱智者”而非“智者”。

肯定不是任何人都能够把哲学当做自己的生活方式的。为了配得上过哲学的生活，一个人必须像柏拉图所说的那样，“具备真正的哲学灵魂”。具备此种灵魂的征兆，或者说哲学生活的特点，就在于关注思想本身而非其实用性。能够从思想本身获取最大的快乐。明智是善于从整体上权衡利弊，智慧则涉及对本性上最高的事物的认识，两者的区别就在于有无实用性；非实用形式哲学优于其他一切学术之所在，使哲学称为“唯一的自由学术”，“为学术自身而成立的唯一学术”。幸福生活的实质在于自足，与别种活动例如社会性的活动相比，哲学的思辨活动是最为自足的活动，因而是完美的幸福。如此来说，哲学生活首先是一种沉思的生活，而所思问题的非实用性恰好保证了这种生活的自得其乐。

第二章
中国哲学问题

中国人关于天的观念

在中国皇权时代的艺术家眼里，这个宇宙充满了大美，这种美由天的本身发出，从天上向人的心灵中铺展，这种美铺展在宇宙中成了“垂丽天之象”“铺理地之形”。被表达在艺术里，则成了文学的姿彩，而文学的姿彩来源于从天向下铺展的天地之姿彩。这是距今约1000年的《文心雕龙》中的美学观。这种美学观看来，天是生命性的天，是生命与美的源头的天。在中国从秦到清2200余年的时间里，在中国以儒家为正统的知识分子眼里，天基本上是生命性的天。

用现代哲学的术语来说，在皇权时代的知识分子眼里，天还是本体论的天，还是作为万物源泉的天，但是这种本体论的品质已经十分淡化了。

中国人的自然观

人和天地万物的关系，这里无法详论中国人对自然的看法，重点只能放在中国人对自然的态度上面。李约瑟认为中国人把自然看作一种有机体而不是一件机器，这个看法大致是可以接受的。西方自然观先后有两大类型：希腊时代是有机观，十六七世纪到十九世纪是机械观。现代生物学、新物理学兴起以后，两者又有混合趋势。无论如何，说中国没有机械的自然观是不致大错的。就人与自然的关系而言，我们大概可以用“人与天地万物为一体”来概括中国人的基本态度。这种宇宙论若严格地用哲学尺度去检查当然有种种困难。但是我们在此可不必细究。值得注意的是，两千多年中国人大体上都接受了这种看法。从这一看法出发，中国人便发展出了“尽物之性”“万物并育而不相害”的精神。中国人当然也不能不开发自然资源以求生存，因而有“利用厚生”“开物成务”等观念。但“利用”仍是“尽物之性”，顺物之情，是尽量和天地万物协调共存，而不是征服。这与西方近代对自然的态度是截然相反的。

天与人是合一的

中国的两个世界是不即不离的，天与人是合一的，尽性即知天，所以要求之于内。六合之外可以存而不论，荀子有“制天”、“役物”的观念，在儒家思想中已是例外。但是他仍说：“君子敬其在己者，而不慕其在天者。”他的精神是内倾而不是外倾的：超越的外在观点依然没有建立起来。……但大体而言，中国的哲学思想是比较实际的、贴近人生的，有内在系统而无外在系统的。抽象化、理论化、逻辑化的思考方式不是中国的特色，也不受重视。

中国人的生死观

大体来说，中国人的生死观是“人与天地万物为一体”的观念的延伸。以民间信仰而言，在佛教传入中国以前，中国人并没有灵魂不朽的说法。

中国古代有“魂”与“魄”的观念，分别代表天地之“气”。“魂”来自天，属阳；“魄”来自地，属阴。前者主管人的精神知觉，后者主管人的形骸血肉。魂与魄散则死。这是一种二元的灵魂观，在世界各种文化中颇具特色。更值得注意的是魂魄分散之后，一上天，一入地……但是魂魄最后归天地之气，不是永远存在的个体。

周代以来的祭祀制度有天子七庙、诸位五庙、士庶祭不过其祖之类的规定；其背后的假定便是祖先的灵魂日久即化为“气”，不再享受子孙的祭祀了。关于这一点，子产论魂、魄时已明白指出。所以中国古代虽也有关于“天堂”和“地狱”的想象，然而并不是十分发达。最重要的还是人世，天堂与地狱也是人世的延长。简言之，生前世界和死后世界的关系也表现出一种不即不离的特色。佛教东来之后，天堂、地狱的想象当然变得更丰富，也更分明了。但轮回的观念仍使人能在死后不断地重返人世，中国民间之所以易于接受佛教的死后信仰，这也是关键因素之一。

在现代化的冲击之下，中国民间关于生死的信仰虽没有完全消失，却毫无疑问的是日趋式微了。所以我们不必过分注意这一方面的现代演变，中国知识阶层关于生死的看法值得我们重视。根据中国人的生死观，每一个人都应勇敢地面对小我的死亡而仍然积极地做人，勤奋地做事。人活一日便尽一日的本分。一旦死去，则此气散归天地，并无遗憾。这便是所谓

“善吾生所以善吾死”。张载的“西铭”说得最好，“存，吾顺事；没，吾宁也”。

中国人的一元哲学

人们常说，我国民族传统的思维习惯，在看待世界和人生问题上有个重要特点，叫作“体用一源”，就是不把事物的本体和现象割裂开来，折成两截，而是视为相互联系、相互容涵着的一个整体，即体即用，浑然无间。这在长期占据统治地位的儒家思想中尤为明显。儒家从孔子开始，便主张“敬鬼神而远之”(《论语·雍也》)，把杳不可测的天命放在疑之际，一心致力于修、齐、治、平那一套现实的礼教伦常建设。《易传》中虽然出现了“形而上者谓之道，形而下者谓之器”(《易传·系辞·上》)的提法，而“道不离器”仍是一贯的信条。所以“六经皆道”的命题，也可以转化为“六经皆器”或“六经皆史”。直到宋明以后的理学，由于受到佛老思想的影响，方才注重于“理”和“气”、“义理之性”和“气质之性”之间关系的辨析，即便如此，它也并没有把“理世界”和“气世界”截然划开。“理”即存在于“气”的运行变化之中，“人伦”就体现了“天理”。这说明在我们民族固有的观念中，世界是高度一元化的，本体和现象打成一片，本体蕴含于现象之内，而无需越出人伦日用的范围，去寻找什么独立自在的世界本源。这样一种思维定势，跟西方宗教、哲学体系中惯于在上帝和人、精神和自然、“物自体”和现象之间划分鸿沟的做法相比，是颇有距离的。

中国人与“自然”的关系

数千年以来，我们中国人对生命问题一直是以广大和谐之道来旁通统贯，它仿佛是一种充量和谐的交响乐，在天空中、在地面上、在空气间、在水流处，到处洋溢着欢愉丰润的生命乐章，上蒙玄天，下包灵地，无所不在，真是酣畅饱满，猗欤盛哉！而中国人的思想也一直就是以这三个主题为中心，那就是自然、人与人的文化成就。

换句话说，我们对自然的了解与西方不同，“自然”对我们来说，是普遍生命流的境界，其真力弥满，贯注万物，因此自然是无穷的，它不被任何事物所局限，也没有什么“超自然”驾凌其上。“自然”本身就是无穷无尽的生机，其饱满生机充满一切，但又并不和上帝的神力冲突，因为在它之中正含有一切神奇的创造力。再说，人和“自然”之间也没有任何隔阂，因为人类生命与宇宙生命乃是融贯互通，浃化并进的。

这一种视“自然”为创进历程的理论在《易经》中阐述得最精彩，“成性存存，道义之门”。由此可以看出，根据中国哲学的传统，本体论也同时是价值论，一切万有存在都具有内在价值，在整个宇宙之中更没有一物缺乏意义。各物皆有其价值，是因为一切万物都参与在普遍生命之流中，与大化流衍一体并进，所以能够在继善成性，创造不息之中绵延长存，共同不朽。

中国人宇宙意识的特点

中国人的宇宙意识有如下特点：

（1）宇宙的中心、万物的本体是天；

（2）天、地、人三界的关系从理论上即不是对等的；

（3）不仅天上的事务，而且地上、冥界的事务都在天的掌握之中。

不难看出，此中最大特点是天的绝对一统的权威。天决定地，天决定人。因此是一种天主地仆的结构关系，我把它简称作“天—地结构”。这种“天—地结构”，表现自然对人的制约，其实质是一种“天—人结构”。它们建立天与人的血缘关系来一合天人，以达到天、地、人的和谐。

中国式的天—地结构体系，呈现出明显的伦理性特点与政治上的一体化倾向。它是中国人的哲学、政治学与伦理学思想的集体无意识流露。中国人理想中有来自天的秩序，靠的是道德力量的维系，“皇天无亲，唯德是辅”，有德便可“受天永命”。“天命”本身是一种超级普遍的伦理和宇宙秩序。这就决定了华夏民族注重人事，习惯人治，并通过人治来实现一体化政治的民族特征。

天人交感，主客相容

整体观之，西方哲人的那种宇宙发生学意义上的终极关注是中国哲学中普遍缺少的。在中国哲学家的观点中，虽然也可以找到对于宇宙基本元素的寻求，但这种寻求是以天人交感、主客相容为特色的。中国哲人眼中的宇宙是一个圆浑庞杂而永无终始的有机体，很难以精神与物质规范之。30多年来的老庄研究，就提供了一个很好的例证。对此，著名哲学史家任继愈进行了有益的反顾。他从事老子研究多年，既主张过老子唯物说，也主张过老子唯心说，但是，“正面和背面两方面都试验过，都没有得出令人信服的结论来”。所以，不得不“停下来考虑考虑这个仗如何打，方法对不对”。这种磨砺“武器”的工作是十分必要也是非常有益的。

第三章
外国哲学问题

人的本质

人的本质问题包括两个方面：一是人与动物的区别；二是人与人的区别。马克思从人与人的关系中指出人的本质是人的社会本质，即人的社会性。从人与动物相区别的层次上说，人的本质在于社会劳动；从人与人相区别的层次上说，人的本质在于社会关系，也就是马克思所说的人的本质在其现实性上是一切社会关系的总和。

这一论断的内涵有：(1)人的本质在于其社会性。人是社会关系的承担者，这种社会关系决定了人的社会地位。(2)社会关系是多方面的，其中经济关系起支配作用，人的本质是全部社会关系的总和。(3)社会关系处于不断变化发展之中，因而人的本质是具体的、历史的。

人的属性

人的属性分为自然属性和社会属性。

人的自然属性是指人的生物和生理方面的属性；人的社会属性是指人

在从事物质生产、社会交往等社会活动中表现出来的社会性。

人的自然属性是社会属性得以存在的前提，人的社会属性又制约着人的自然属性，并使之成为社会化的自然属性。社会属性才是人的特殊本质所在。

人的价值

人的价值即人对人自身的意义，就在于人能够创造价值以满足人自身的需要。人的需要是多方面的，既有物质生活的需要，又有精神生活的需要，因而人所创造的满足这些需要的价值也是多种多样的，既有物质价值，又有精神价值。人的需要是历史的、变化的，人创造价值的活动也要随之发展。

人的价值分为个人价值和社会价值两个方面。人的社会价值就是个人的创造活动对于社会需要的满足，即个人对社会作出的贡献。人的个人价值就是个人通过自己的活动来满足自己的需要，即社会对个人需要的尊重和满足。

在社会对个人的满足与个人对社会的贡献这两个方面关系的问题上，应将后者放在首位，因为个人的贡献是实现社会进步的源泉，也是实现个人价值的基础。无论是个人需要的满足还是社会需要的满足，都依赖于人的劳动创造和实践。

人的自由

“自由”是西方哲学上一个重要的概念。按照理解，自由就是外在束缚的消失。西方的经验论者和功利主义者也持这种观点。但是，外在束缚消失了，人并不是就自由了。相反，人很可能还会陷入更大的不自由。正如黑格尔所言，如果仅仅把“自由”理解为为所欲为，那样的“自由”是“任性”，并不是真正的自由。

古希腊哲学家伊壁鸠鲁也说：“一个不能自我节制的人，不能称之为一个自由的人。”由此，很多哲学家又将心灵的自由视为真正的自由。皮浪说：“人活着，就应该像猪一样不动心。”卢梭将意志的自由看作真正的自由。他说：“向强力的屈服，只是一种必要的行为，而不是一种意志的行为。”卢克莱修也说：“人有自由意志，成人成兽全在你自己。”犬儒学派的代表第欧根尼，穿得破破烂烂，把能够躺在桶里晒太阳看作一种自由。

后来，以萨特为代表的存在主义者，把自由看作人的一种本然状态。他说，人天生注定是自由的，人不能不自由。如果你认为自己不自由，那是你自由地选择了不自由。原因很简单，你选择不自由，那是你害怕承担自由所带来的后果。比如，有人把刀架在了你脖子上，你完全可以“自由地”选择反抗。但是，你害怕承担这样的自由所带来的后果，乖乖地选择了不自由。由此可见，存在主义者把“自由”理解为了“自由地选择”，而“选择”本身就是一个沉重的字眼，因为选择了就要承担。

人与大自然的关系

大自然是人类最重要的生存基础，如果没有大自然，就没有空气和水，人类就不能呼吸，不能饮水，也就无法生存。在唯物辩证法看来，世界上的任何事物都是矛盾的统一体。我们面对的现实世界，就是由人类社会和自然界双方组成的矛盾统一体，两者之间是辩证统一的关系。

一方面，人与自然是相互联系、相互依存、相互渗透的：人由自然脱胎而来，其本身就是自然界的一部分。人类的存在和发展，一刻也离不开自然，必然要通过生产劳动同自然进行物质、能量的交换。随着生产力水平的提高，人类认识自然、改造自然的能力不断增强，现在的自然已经不是原来意义上的自然，而是到处都留下了人的意志印记的自然，即人化了的自然。“人化自然”表明人与自然之间的相互联系、相互渗透越来越密切。

另一方面，人与自然之间又是相互对立的。人类为了更好地生存和发展，总是要不断地否定自然界的自然状态，并改变它；而自然界又竭力地否定人，力求恢复到自然状态。人与自然之间这种否定与反否定，改变与反改变的关系，实际上就是作用与反作用的关系，如果对这两种“作用”的关系处理得不好，特别是自然对人的反作用在很大程度上存在自发性，这种自发性极易造成人与自然之间失衡。

人与人之间的关系

马克思说，人是一切社会关系的总和。尽管人都处于一定的社会关系中，但是人和人之间到底是一种什么样的关系，不同的文化给出了不同的回答。

在中国社会中，人和人的关系靠一种天然的血缘情感维系着，正所谓“家·国·天下”。在这样一种文化背景下，单个的人是在集体中烘托而出的，一个人人生的意义就是得到这个集体的认同。让一个人感到耻辱或者荣耀的事情是自己在这个集体中的身份。

但在西方社会中，人和人之间并不存在这种相互依赖的关系。每个人都是一个单独的个体，人与人之间是平等的，没有任何纽带相联系。个体不需要集体的庇护，集体反而需要个体的衬托。在这种文化背景下，西方人通过契约确立人和人之间的关系。如果需要为了一个共同的目的合作，就必须订立契约，规定权利和义务。等这个目的达到以后，这个契约就会自动失效。

契约精神造就了西方的法律传统。说到底，这种法律传统和西方人的人性观相关联。既然人性是恶的，就必须订立规矩，让人就范。

世界的本原问题

关于世界本原问题的探讨，在哲学中是一个本体论问题。这是哲学的永恒课题。因为，从有自我意识开始，人就有一种倾向，即希望找到一个东西一劳永逸地解释自己所面对的世界。于是，本体论就成了哲学的主要问题。

有人说："世界的本原是物质。"但物质的概念不能只用我们能所看见、所能把握的"客观实在"来理解。物质的存在形式是千差万别的，大到一个天体如星球，属于物质；小到看不见的基本粒子，也属于物质。简单的一块石头，属于物质；复杂的一个人体的所有血肉生化成分，也属于物质。但是，不论物质的存在形式如何千差万别，它们都有一个共同点，那就是，占有一定时间和空间。正因为如此，我们应该认可马克思的判断：物质就是"客观实在"。即使这种"客观实在"的存在时间像流星一样短暂，它也存在过，在它存在的过程中它就是"物质"；即使这种"客观实在"小到只占有空间的亿万分之一，小到用万倍显微镜也观察不到，但用辩证逻辑判断，它再小，也不能忽略它占有一定的空间和时间。

第三篇
丰富的哲学流派

第一章
中国哲学流派

儒家

儒家是中国古代最有影响的学派。作为华夏固有价值系统的一种表现，儒家并非通常意义上的学术或学派。一般来说，特别是先秦时，儒家学派也只是诸子之一，与其他诸子一样，地位本无所谓主从关系。

“儒，柔也，术士之称。”（《说文解字》）早期的儒，称为术士，收入低，且地位低微，做事时要仰人鼻息，所以形成了比较柔弱的性格。这就是儒的本意——柔。据郭沫若考证，“儒”是墨家对孔门的蔑称，后来，相沿成俗，成了孔家门派的学名。

儒学起源于东周春秋时期。西汉武帝起，成为中国社会的正统思想。如果从孔子算起，儒学绵延至今已有两千五百余年的历史了。儒家主要代表人物有孔子、孟子、荀子、董仲舒、扬雄、王充、王弼、孔冲远、韩愈、柳宗元、王安石、邵雍、周敦颐、张载、程颐、程颢、朱熹、陆九渊、王守仁、黄宗羲、顾炎武、王夫之、戴震、康有为等。

孔子死后，儒家分为八派：子张之儒、子思之儒、颜氏之儒、孟氏之儒、漆雕氏之儒、仲良氏之儒、孙氏之儒、乐正氏之儒。宋代以后又出现了几派，主要有：以周敦颐为代表的濂学、以张载为代表的关学、以二程为代表的洛学、以朱熹为代表的闽学、以王艮为代表的泰州学派、以东林党为代表的东林学派，以及乾隆到嘉庆年间的乾嘉学派。

道家

道家学派是在老子思想基础上发展起来的一个学派。因为它推崇老子提出的道，主张一切行为都遵循于道，所以人们称其为道家。不过，用“道”一词来概括由老子开创的这个学派是由汉初开始的。道家也被称为德家。汉代淮南王因谋反而自杀，使用的理论是黄老之学，黄老之学的“无为而治”由此受到严重挑战，道家思想逐渐走向衰落。西汉武帝“罢黜百家，独尊儒术”之后，道家不再是中国主流思想。

道家讲究顺从自然，清静无为，为人处世要顺从时势、遵循物理，要像解牛高手一样，游刃于牛骨的空隙之间，让牛体自然解开。虽然自汉武帝“独尊儒术”后，道家作为一个独立的思想流派已不复存在，但却产生了经久不衰的影响。“文景之治”“贞观之治”“开元盛世”“康乾盛世”无一不是黄老思想的产物，而两宋时期经济文化的高度繁荣、明末清初的启蒙思潮，均与黄老思想有着密切的联系。

先秦时期的道家思想，以老子、庄子为主要代表。

墨家

墨家是中国古代主要哲学派别之一，约产生于战国时期，创始人为墨翟。

墨家是一个有领袖、有学说、有组织的学派，他们有强烈的社会实践精神。墨者们吃苦耐劳、严于律己，把维护公理与道义看作义不容辞的责任。墨者大多是有知识的劳动者。

前期墨家在战国初期即有很大影响，与杨朱学派并称显学。它的社会伦理思想以兼爱为核心，提倡“兼以易别”，反对儒家所强调的社会等级观念。它提出“兼相爱，交相利”，以尚贤、尚同、节用、节葬作为治国方法。它还反对当时的兼并战争，提出非攻的主张。它主张非命、天志、明鬼，一方面否定天命，同时又承认鬼神的存在。前期墨家在认识论方面提出了以经验为基础的认识方法，主张“闻之见之”“取实与名”。它提出三表作为检验认识正确与否的方法。

后期墨家汇合成二支：一支注重认识论、逻辑学、几何学、几何光学、静力学等学科的研究，是谓“墨家后学”（亦称“后期墨家”）；另一支则转化为秦汉社会的游侠。前者对前期墨家的社会伦理主张多有继承，在认识论、逻辑学方面成就颇丰。后期墨家除肯定感觉经验在认识中的作用外，也承认理性思维在认识中的作用，对前期墨家的经验主义倾向有所克服。它还对“故”“理”“类”等古代逻辑的基本范畴做了明确的定义，区分了“达”“类”“私”等三类概念，对判断、推理的形式也进行了研究，在中国古代逻辑史上占有重要地位。

战国以后，墨家已经衰微。到了西汉时，由于汉武帝的独尊儒术政策、社会心态的变化以及墨家本身并非人人可达的艰苦训练、严厉规则及高尚思想，墨家在西汉之后基本消失。

法家

法家是中国战国时期以法治为思想核心的重要学派。其思想先驱可追溯到春秋时的子产，实际创始者是战国前期的李悝（公元前455—前395年）、商鞅、慎到、申不害等。战国末期的韩非子是法家思想的集大成者，他建立了完整的法治理论和朴素唯物主义的哲学体系。

法家思想同中国封建土地关系的产生与发展相联系，是地主阶级取代奴隶主贵族统治的理论表现。在奴隶社会中，“礼”是奴隶主贵族统治的政治体系和道德规范。春秋以来，周礼逐步失去了原有的威力，法家旧有的典章制度随之衰落。为适应封建土地关系发展的需要，奴隶主贵族中出现了一批改革家，如齐国的管仲、晋国的郭偃、郑国的子产等人。他们颁布法令与刑书，改革田赋制度，促进封建化进程，成为战国时期法家学派的思想先驱。管仲和子产既强调法制，又重视道德教化。

在哲学上，法家坚持唯物主义，管仲及其后继者提出“天不变其常，地不易其则”的观点，子产则提出“天道远，人道迩，非所及也”的命题，承认自然界有其客观的规律，反对天人感应的迷信观念。

名家

名家是先秦以思维的形式、规律和名实关系为研究对象的学派，战国时称“刑名家”或“辩者”，西汉时期又称“名气”，近代称之为“名家”。名家主要活跃在先秦的春秋战国时期，以善于辩论，善于语言分析而著称于世。作为一个思想流派而言的“名家”，它的思想与现代的汉语所说的“名家”是不同的。这个“名”不是有名、出名的意思，而主要是指事物的名称、概念。

由于种种原因，名家这个学派后来几乎没有继承人，一般人在谈到先秦诸子的时候，甚至还有可能忽略它。首先正式提出“名家”这个说法的，是汉代的学者。

名家代表人物有邓析子、尹文子、惠子、公孙龙。

纵横家

“纵横”，即合纵连横。所谓“纵横家”，指战国时以从事政治外交活动为主的一派，是诸子百家之一。鬼谷子，姓王名诩，战国时代卫国人。因隐居清溪之鬼谷，故自称鬼谷先生，为纵横家之鼻祖。

纵横家杰出代表人物有：苏代、姚贾、苏秦、张仪、公孙衍。《汉书·艺文志》列为“九流”之一。据《韩非子》载：“纵者，合众弱以攻一强也；横者，事一强以攻众弱也。”纵横家们审时度势，事无定主，反复无常，设第划谋多从主观的政治要求出发。

合纵派的主要代表是苏秦，连横派的主要代表是张仪。二人均师从于鬼谷子。苏秦为赵国相位，“合纵抗秦”，并兼六国相印，威风八面。但好景不长，其“合纵”即刻瓦解，苏秦死于齐闵王车裂极刑。张仪受苏秦“提携”，做了秦国大夫。苏秦死后，立刻推行他的“连横”术，使苏秦的合纵荡然无存，为秦国最后统一六国奠定了理论基础。

阴阳家

阴阳家是流行于战国末期到汉初的一种学派，齐人邹衍是其代表人物。《史记》称其：“深观阴阳消息，而作迂怪之变。”《吕氏春秋》则直接受到邹衍学说的影响。大体而言，邹衍的阴阳家思想表现在将自古以来的数术思想与阴阳五行学说相结合，并试图进一步发展，用来建构宇宙图式，解说自然现象的成因及其变化法则。

在自然观上，阴阳家利用《周易》经传的阴阳观念，提出了宇宙演化论；又从《尚书·禹贡》的“九州划分”进而提出“大九州”说，认为中国为赤县神州，内有小九州，外则为“大九州”之一（胡适曾在其《中国中古思想史长编》中，大为赞叹阴阳家的这一地理观念）；在历史观上，则把《尚书·洪范》的五行观改造为“五德终始”说，认为历代王朝的更替兴衰均由五行所主运；在政治伦理上，亦“止乎仁义节俭，君臣上下六亲之施”，赞成儒家仁义学说。同时强调“因阴阳之大顺”，包含若干天文、历法、气象和地理学的知识有一定的科学价值。

禅宗

禅宗是中国佛教的一个宗派。禅宗以菩提达摩为中国始祖（达摩大师是印度禅宗第28代祖师，中国初祖），故又称达摩宗；因其得佛心印为佛陀之正统法脉，又称为佛心宗。达摩于北魏末活动于洛阳，倡二入四行之修禅原则，以《楞伽经》授徒。传法弟子为二祖慧可，慧可之传法弟子为三祖僧璨，其传法弟子为四祖道信。道信传法弟子为五祖弘忍，立东山法门，为禅宗五祖。门下分赴两京弘法，名重一时。其中有神秀、传法弟子六祖惠能二人分立为北宗渐门与南宗顿门。神秀住荆州玉泉寺，晚年入京，为三帝国师，弟子有嵩山普寂、终南山义福；惠能居韶州曹溪宝林寺，门下甚众，以惠能为六祖，后为禅宗正宗。皇帝亲赐六祖慧能大师谥号为大鉴禅师，其传法弟子颇多，如南岳怀让禅师、青原行思禅师、永嘉玄觉禅师等，证悟者40余人，开悟者不计其数。之后南岳怀让禅师之得法弟子，马祖道一禅师对中国佛教有着极大的贡献，他确立了丛林制度，规范了道场，马祖道一禅师之传法弟子百丈怀海禅师更制定了清规规范门人，故佛教称之为“马祖建丛林，百丈定清规”。直到今天依然大体上不变，每天早晚二课，也是始于这个时候。百丈怀海禅师之传法弟子有黄檗希运禅师和仰山灵佑禅师，都是至今还影响着佛教界的祖师大德！自六祖后不再传大位，也就是说没有第七祖，因为禅宗真正要传的法脉不是衣钵而是心印，心印延续至今，不曾断绝，一代代的祖师大德们，至今都延续着六祖的顿教大法！

六祖惠能是禅宗的发扬光大者，提倡心性本净、佛性本有、直指人心、见性成佛。惠能以后，禅宗广为流传，于唐末五代时达于极盛。禅宗使中国佛教发展到了顶峰，对中国古文化的发展具有重大影响。

宋明理学

宋明理学亦称“道学”，指宋明（包括元及清）时代，占主导地位的儒家哲学思想体系，宋、明儒家的哲学思想。汉儒治经重名物训诂，至宋儒则以阐释义理、兼谈性命为主，因有此称。北宋初胡瑗、孙复、石介，称为“理学三先生”。

宋明理学是儒学的一种历史表态，是继魏晋把儒学玄学改造之后，对儒学的佛（佛教）老（道教）化改造；宋明理学是对隋唐以来逐渐走向没落的儒学的一种强有力的复兴。这个复兴儒学的运动，由隋唐之际的王通发其先声，由唐代中期以后的韩愈、李翱、柳宗元诸人继其后续，而至两宋时期蔚为大观，形成一场声势浩大、波澜壮阔而又影响久远的儒学运动。

在时间上，这场儒学运动持续到明清之际，影响直至当代；在空间上，这场儒学运动不限于儒学的故乡，还牵涉到受儒学影响的东亚诸国，以至于在这些国家，所谓的儒学主要就是理学（或称性理学）；宋明理学是当时中国有抱负，有思想的学术群体对现实社会问题以及外来佛教和本土道教文化挑战的一种积极回应，他们在消化吸收佛道二教思想的基础上，对佛道二教展开了一种与孟子“辟杨墨”相类似的、所谓“辟佛老”的文化攻势，力求解决汉末以来中国社会极为严重的信仰危机和道德危机。

宋明理学反映了中国古代社会后期有思想、有见识的中国人在思考和解决现实社会问题与文化问题中的哲学智慧，它深刻影响了中国古代社会后半期的社会发展和文明走势，现代的中国人仍然不得不面对由它所造成的社会及文化后果。然而也正是这个智慧成果，其在成功地回应佛老而使儒学重新走上正统地位。

宋明理学代表人物：北宋周敦颐、张载、程颢、程颐、邵雍，即北宋五子；南宋朱熹、陆九渊；明代王阳明。就主导思潮而言，理学代表人物可概括为“程朱陆王”。

宋明理学主要派别：按现代学术界的通常做法，可以把宋明理学体系区分为四派，即气学（张载为代表）、数学（邵雍为代表）、理学（二程、朱熹为代表）、心学（陆九渊、王阳明为代表）。

第二章
外国哲学流派

亚里士多德学派

公元前 347 年，亚里士多德应马其顿国王腓力浦二世的邀请，从雅典回到故乡马其顿，成为当时年仅 13 岁的亚历山大大帝的老师。公元前 335 年，腓力浦去世，亚里士多德又回到雅典，并在那里建立了自己的学校。学园的名字以阿波罗神殿附近的杀狼者吕刻俄斯来命名。在此期间，亚里士多德一边讲课，一边撰写了多部哲学著作。

亚里士多德死后，该派由他的弟子继承下来。公元前 287 年以前，领导该派的是泰奥弗拉斯多。他继续老师的所有研究领域，尤其致力于生物学的研究，在植物学和逻辑方面作出了贡献。在哲学上，他提出了物质自己运动的观点，反对在自然界中寻找目的因。公元前 287—前 269 年，该派由斯特拉图领导。

公元前 1 世纪，该派继承者安德罗尼科重新开始对亚里士多德学说进行研究，但他主要是对亚里士多德著作进行校勘、整理、编纂和注释。6 世纪初，拜占庭皇帝尤斯底年下令禁止亚里士多德学说的传播，该派因此瓦解。

柏拉图学园

柏拉图学园即柏拉图创立的学园，又叫“阿加德米”学园。今天的大学“学院”就是从“阿加德米”这个词演变而来的。

公元前 399 年，苏格拉底受审并被判死刑，柏拉图逃往梅加拉避难。公元前 387 年，柏拉图回到雅典，并创办了学园。学园的名字与学园的地址有关，学园的校址所在地与希腊的传奇英雄阿卡得摩斯有关，因而以此命名。

柏拉图学园存在了 900 多年，直到公元 529 年被查士丁尼大帝关闭为止。该学园受毕达哥拉斯的影响较大，课程设置类似于毕达哥拉斯学派的传统课题，包括了算术、几何学、天文学以及声学。

伊壁鸠鲁学派

伊壁鸠鲁学派作为最有影响的学派之一延续了 4 个世纪。伊壁鸠鲁的学说广泛传播于希腊——罗马世界。伊壁鸠鲁学派的著名代表有菲拉德谟和卢克莱修。哲学长诗《物性论》，系统地宣传和保存了伊壁鸠鲁的学说。

伊壁鸠鲁派宣扬无神论，认为人死魂灭，这是人类思想史上的一大进步，同时提倡寻求快乐和幸福。但他们所主张的快乐绝非肉欲物质享受之乐，而是排除情感困扰后的心灵宁静之乐。伊壁鸠鲁派生活简朴而又节制，目的就是要抵制奢侈生活对一个人身心的侵袭。

犬儒学派

犬儒主义者奉行简单的生活方式。在他们看来，除了自然的需要必须满足外，其他的任何东西，包括社会生活和文化生活，都是不自然的、无足轻重的。由此，他们的行为无拘无束，我行我素，无所顾忌，不知羞耻，无动于衷，粗俗无礼，虚荣自负，傲视一切，自我欣赏。他们不要家庭，不要子女，即使结婚，则夫妻同为犬儒，而且竟然在大庭广众之下行交合之事。犬儒主义诗人克拉底和女犬儒主义者喜帕契亚就是一对犬儒夫妇。

犬儒派是希腊城邦制度的现实产物，也是希腊城邦文化的叛逆。希腊的城邦制度的繁荣孕育了犬儒主义这个极端化的产儿，城邦制度的衰落催生了它。对这个学派而言，生命的目的与其说是成就某种积极的善，还不如说是逃避不幸。

经院哲学

“经院哲学”原意为“学院中人的思想”，又译作“士林哲学”。经院哲学有两个基本特征：一是它以经院（即教会或修道院办的学校）为生存环境；二是它以“辩证法”为操作原则。

经院哲学并不研究自然界和现实生活中的事物，它的主要任务是对天主教教义、教条进行论证，以神灵、天使和天国中的事物为对象。

智者运动

大约公元前5世纪希腊开始了智者运动。代表人物是普罗泰戈拉，提出“人是万物的尺度”，把人置于社会和世界的中心，这是人类自我意识的第一次觉醒。智者运动是西方人文精神的起源，普罗泰戈拉是西方第一次思想解放运动的先驱。

智者运动对哲学的发展方向、哲学的主题和方法产生了深远的影响。在希腊文中，“智者”这个词最早用来指诗人、音乐家、预言家、狂诵者。然而到了公元前5世纪后期，“智者”则专门指那些以传授智慧为职业，并在公众事业中有所成就的人。

智者并不是为智慧而教授智慧的思辨家，他们传授智慧具有功利目的，即要培养能够在政治活动中获胜的人才。而来学习语言艺术的人，都要向老师交纳学费。

据柏拉图说，当时负有盛名的智者普罗泰戈拉的学生都是来自名门望族，他们的目的或是成为政治家，或是成为职业智者。对智者而言，传授知识是为了挣钱。每一个来学习的人都要交纳学费。没有学费，是不能成为智者的学生的。在这方面，智者与希腊早期的自然哲学家形成了鲜明的对比。可以说，早期的哲学家是以智慧为追求目标的“爱智慧的人”。智者虽然也是“有智慧的人”，但智慧只是他们用来达到实用目的手段。这一点，遭到了后来柏拉图的强烈批评。他把智者斥为“批发或零售精神食粮的商人”。

毕达哥拉斯学派

毕达哥拉斯学派是一个专门研究数学的学派，它不仅是学术团体，而且是一个有着神秘主义倾向的宗教团体。加入这个团体的人，不仅要掌握有关数学、音乐等方面的知识，而且还要遵守很多禁忌和规定。比如：禁食豆子；东西落下了，不要拣起来；不要去碰白公鸡；不要劈开面包；不要迈过门闩；不要用铁拨火；不要吃整个的面包；不要招花环；不要坐在斗上；不要吃心……

在毕达哥拉斯建立的这个团体，不分男女都可以参加；财产是公有的，而且有一种共同的生活方式，甚至于科学和数学的发现也认为是集体的，而且，在一种神秘的意义上，都得归功于毕达哥拉斯；甚至在他死后也还是如此。

毕达哥拉斯学派的成员都是贵族，他们反对撒摩斯岛的古希腊民主制。领头人毕达哥拉斯生于撒摩斯岛。毕达哥拉斯年轻时，游历了很多地方，特别是游访了古埃及和古巴伦等地，学习了一些数学知识，大约在公元前530年回国，江开始创建学派。

毕达哥拉斯学派的主张和观念曾引起撒摩斯公民的不满，毕达哥拉斯为了避开人们的舆论，只好离开自己出生的本土，逃往希腊的移民区阿佩宁半岛，并定居在克罗托那城，重新建立学派。由于毕达哥拉斯参与政治活动，后来被杀害，他的门徒散居到希腊其他学术中心，继续传授他的教诲达200年之久。

实证主义

实证主义又称实证论、实证哲学，是强调感觉经验、排斥形而上学传统的西方哲学派别。它产生于19世纪30—40年代的法国和英国，由法国哲学家、社会学始祖A.孔德等提出。

实证主义中心论点是：事实必须是透过观察或感觉经验，去认识每个人身处的客观环境和外在事物。实证论者认为，虽然每个人接受的教育不同，但人们用来验证感觉经验的原则，并无太大差异。实证主义的目的，在于希望建立知识的客观性。

孔德认为人类非生而知道万事万物，必须经由学习过程，从不同的情境中获得知识。透过直接或间接的感觉、推知或体认经验，并且在学习过程中进一步推论还没有经验过的知识。超越经验或不是经验可以观察到的知识，不是真的知识。孔德在其所写的《实证哲学》一书里，认为人类进化分成三阶段。

一是神学阶段，盖人类对于自然界的力量和某些现象感到惧怕，因此就以信仰和膜拜来解释面对自然界的变化；二是玄学阶段，以形而上或普遍的本质阶段，解释一切现象；三是实证阶段，也就是科学的阶段，运用观察、分类，以及分类性的资料，探求事物彼此的关系，此法获得的结果，才是正确可信的。

实证主义反对神秘玄想，主张以科学方法建立经验性的知识。这种思想恰巧与柏拉图的理型论相反，柏拉图认为只有观念才是真实的，感官都是虚幻的。

实用主义

实用主义产生于19世纪70年代的现代哲学派别，在20世纪的美国成为一种主流思潮。对法律、政治、教育、社会、宗教和艺术的研究产生了很大的影响。

实用主义的特点在于，把实证主义功利化，强调“生活”“行动”和“效果”，它把“经验”和“实在”归结为“行动的效果”，把“知识”归结为“行动的工具”，把“真理”归结为“有用”“效用”或“行动的成功”。

实用主义的要义体现在皮尔士所表述的这一观点中：认识的任务，不是反映客观世界的本质和规律，而是认识行动的效果，从而为行动提供信念。

实用主义现在已经不再是一种运动了，但仍然是一种非常有影响的思想体系，它把哲学从一种人生观的思想体系降为一种研究问题和澄清信息的批判方法，把知识解释为一种评价过程，以科学探索的逻辑作为人们处世待物的行为准则。其代表人物是皮尔士、杜威、詹姆士等。

存在主义

存在主义又称生存主义，当代西方哲学的主要流派之一。这一名词最早由法国有神论的存在主义者马塞尔提出。

存在主义以人为中心、尊重人的个性和自由，认为人是在无意义的宇宙中生活，人的存在本身也没有意义，但人可以在存在的基础上自我造就，活得精彩。存在主义最著名和最明确的倡议是让·保罗·萨特的格言："存在先于本质。"意思是说，除了人的生存之外没有天经地义的道德或体外的灵魂；道德和灵魂都是人在生存中创造出来的；人没有义务遵守某个道德标准或宗教信仰，人有选择的自由；要评价一个人，要评价他的所作所为，而不是评价他是个什么人物。

存在主义否认神或其他任何预先定义的规则的存在。让·保罗·萨特反对任何人生中"阻逆"的因素，因为它们缩小人的自由选择的余地。假如没有这些阻力，那么一个人唯一要解决的问题是他选择哪一条路走。然而人是自由的；即使他在自欺中，仍有潜力与可能。

让·保罗·萨特也提出："他人是地狱。"这一观点看似与"人有选择的自由"观点相矛盾，其实每个人选择是自由的，但对于选择后的结果，每个人都有无法逃避的责任。人在选择的过程中，面对的最大问题就是他人的选择，因为每个人的自由都可能影响他人的自由，所以称"他人是地狱"。

人格主义

人格主义是现代西方宗教哲学流派之一，强调哲学研究的对象不是物质世界，而是人或自我。人格主义形成于19世纪末，以美国为中心，主要创始人是美国哲学家B.P.鲍恩，代表人物有R.T.弗卢埃林、E.S.布赖特曼和W.E.霍金等人；20世纪30年代，法国的代表人物是E.穆尼埃和J.拉克鲁瓦。西方其他国家也有代表人物，但影响不大。

人格主义认为世界的本原是"人格"，"人格"才是哲学的真正对象和一切哲学问题的核心。正如布莱特曼所说："从广义上说来，人格主义是这样一种思想方法，它把人格当作解决一切哲学问题，不论是价值问题、认识论问题或形而上学问题的钥匙。”

解构主义

解构主义在20世纪60年代源起于法国，雅克·德里达是解构主义思潮的领袖。

德里达以《文字语言学》、《声音与现象》、《书写与差异》三部书的出版宣告了解构主义的确立，形成以德里达、罗兰·巴尔特、福科、保尔·德·曼等理论家为核心并互相呼应的解构主义思潮。解构主义直接对人类文化传播载体——语言提出了挑战。德里达以人的永恒参与为理由，认为写作和阅读中的偏差永远存在。他把解除“在场”作为理论的思维起点，以符号的同一性的破裂，能指与所指的永难弥合，结构中心性颠覆为“差异性”的意义链为自己理论的推演展开。

德里达说，解构分析的主要方法是去看一个文本中的二元对立（比如说，男性与女性、同性恋与异性恋），并且呈现出这两个对立面事实上是流动与不可能完全分离的，而非两个严格划分开来的类别。而这个的通常结论就是，这些分类实际上不是以任何固定或绝对的形式存在着的。

生命哲学

生命哲学广泛传播于西方各国，并贯穿于20世纪的哲学流派。19世纪末至20世纪初流行于德、法等国，是在叔本华的生存意志论、尼采的权力意志论、达尔文的生物进化论、斯宾塞的生命进化学说，以及法国居约的生命道德学说的影响下形成的。

德国哲学家狄尔泰最早用“生命哲学”一词来表示他的哲学。德国哲学家奥伊肯也是这种思潮的主要代表人物。新康德主义者如文德尔班、李凯尔特等人，严格区分了自然科学与价值论（或文化哲学、精神科学），对生命哲学的发展给予了有力的推动。

20世纪初，德国杜里舒的生机主义，法国柏格森的创化论，则试图从生命的进化或生物学的立场，为生命哲学建立自然科学的基础。

生命哲学是对19世纪中期的黑格尔主义和自然主义或唯物主义的一种反抗。生命哲学家不满意黑格尔所主张的严酷的理性，不满意自然主义或唯物主义所依据的因果决定论，认为这些思想是对个性、人格和自由的否定。他们要从“生命”出发去讲宇宙人生，用意志、情感和所谓“实践”或“活动”充实理性的作用。

唯意志主义

唯意志主义又译为唯意志论，是 19 世纪出现的一种哲学和心理学中的唯心主义思潮。

唯意志论者主张将意志、情感等本能冲动置于理性之上，即意志高于理性，而且将意志看作宇宙的本质基础、真相，认为意志“创造”世界万物。唯意志论的学说产生于 19 世纪上半叶，作为一种哲学流派和思潮，形成并流行于 19 世纪下半期的欧洲各国。主要代表有德国的叔本华、尼采，英国的卡莱尔，法国的居约、布特鲁。

叔本华认为，意志是一种完全敌视客观世界的神秘的生活力，即一种“盲目的、不可遏止的冲动”。他把这种意志说成是世界的基础、本源，是“世界的内在内容和本质”。“世界上形形色色的事物，都是这个意志的表现、客观化，世界只是这个意志的一面镜子。”

尼采继承了叔本华的理论，把论证社会“强者”的权力意志当作他的哲学的根本目标，以至把整个世界都看作是权力意志的体现，建立了“权力意志论”。唯意志论在德国影响最大，在法、英和北欧一些国家也有流行。

后现代主义

后现代主义是 20 世纪 70 年代后被神学家和社会学家开始经常使用的一个词，起初出现于二三十年代，用于表达要有必要意识到思想和行动需超越启蒙时代范畴。

后现代思维在哲学上保持一种对于逻辑性观念与结构性阐释的“不轻信、怀疑”的态度。这种态度导致其本身对于思想、事物以及外在感觉的愿望缺失，因为在后现代者看来，他们的思考无从依靠，他们既不肯定历史的经验，也不相信意义的本源及其真实性，对未来更无所希冀。

除了怀疑之外，他们的思想在理性思维者看来几乎是凝滞的，他们只能寄生在现代启蒙理性之上做个永远的捣蛋鬼。因此大部分学者（在他们的头脑中现代理性占有绝对的比重）都惯于使用启蒙的眼光和理性的词汇，把后现代当作一个对立面来阐释，于是一大批具有明确指向性（反抗性）的词语（如颠覆、反叛、否定、拒绝、抵制等）在后现代的定义中大行其道，一时间，后现代在哲学上的破坏者、叛逆者的身份深入人心。

经验批判主义

经验批判主义是 19 世纪 70 年代至 20 世纪初产生并流行于德国、奥地利以及欧洲大陆其他国家的哲学流派。创始人是 E. 马赫，经验批判主义也被称为马赫主义。另一位创始人为 R. 阿芬那留斯，其代表作为《纯粹经验批判》。

经验批判主义强调经验的重要性，把感觉经验看作是认识的界限和世界的基础，认为作为世界第一性的东西既不是物质也不是精神，而是感觉经验。从这一立场出发，强调一切科学理论都不过是假说，它们只有方便与否之分，没有正确与错误之别。经验批判主义曾吸引了不少哲学家和科学家，其思想直接影响了实用主义、逻辑实证主义，并在当时的工人运动中有一定的反映。列宁曾写《唯物主义和经验批判主义》一书，对其做了系统的批判。

经验批判主义在奥地利、德国产生以后，迅速在西方各国流行，为不少自然科学家和哲学家所接受，很快取代了早期实证主义哲学的地位。经验批判主义形成的时期，自然科学特别是物理学领域发生了巨大变革。古典物理学正向现代物理学过渡，新发现的X射线、电子、放射性元素镭等，使人们对物质结构有了新的认识。

第四篇

多彩的哲学人物

第一章
中国哲学人物

老子

老子（公元前571—前471年）生活在春秋时期，原名李耳，字伯阳，又称老聃，河南周口鹿邑人，我国古代伟大的哲学家和思想家，是道家学派创始人。

相传老子的母亲怀了九九八十一年的身孕，从腋下产出老子。他一生下来就是白眉毛白胡子，所以被称为老子。老子曾在周国都洛邑任藏室史（相当于国家图书馆馆长），晚年乘青牛西去。在函谷关（今河南灵宝）点化函谷关总兵伊喜，一路西行至盩厔（今陕西省西安市周至县），观此处依山傍水（终南山田峪河）、峰峦起伏，遂在此驻足，并结草为楼修行说经，写成了五千言的《道德经》（又称《道德真经》或《老子》《老子五千文》）。沿传至今世称楼观台。内存历代文人骚客墨迹碑石300余座，史称道教发源地。老子羽化后葬于距此8公里的西楼观，现存老子墓。老子博学多才，孔子周游列国时曾到洛邑向老子问礼。在道教中，老子是太上老君的第十八个化身。

关于老子的姓名，历来说法不一。《庄子》称他为老聃，书中的内篇《德充符》，外篇《天地》《天运》《田子方》《知北游》等都把老子视为前辈，这是战国中晚期道家学派笔下的老子。秦汉之际成书的《礼记》中《曾子问》篇也把老子视为与孔子同时代的知礼守礼的长者。《史记·老子韩非列传》大体上把老子描写为道家，其中录入老莱子和太史儋两个名字。

据《史记·仲尼弟子列传》解释说，“于周则老子”，“于楚老莱子”，可见老子和老莱子是两人。至于太史儋，司马迁说：自老子死后百二十九年，有周太史儋见秦献公云云。清代到近代学者汪中、梁启超等把老子世系同太史儋联系起来研究，认为老子就是太史儋，战国时人，是《道德经》的作者。也有学者认为可能“老”是老子的姓或氏，其名为聃，故称老聃。他们提出,《庄子·天下》曾综述关于老聃的学说,《吕氏春秋·不二》也称“老聃贵柔”，名字与思想一致，故老聃就是老子。

老子的思想主张是“无为”，其内容主要见《道德经》。他的哲学思想和由他创立的道家学派，不仅对我国古代思想文化的发展作出了重要贡献，而且对我国 2000 多年来思想文化的发展产生了深远的影响。《道德经》含有丰富的辩证法思想，老子哲学与古希腊哲学一起构成了人类哲学的两个源头，老子也因其深邃的哲学思想而被尊为“中国哲学之父”。老子的思想被庄子所传承，并与儒家和后来的佛家思想一起构成了中国传统思想文化的内核。道教出现后，老子被尊为“太上老君”；从《列仙传》开始，老子就被尊为神仙。

孔子

孔子（公元前 551—前 479 年），名丘，字仲尼，春秋时鲁国（今山东曲阜）人，他是中国历史上第一个伟大的教育家，他编撰的《春秋》开私人修史先例，他的学说成为中国两千余年封建文化的正统思想的本源。在中国，两千多年来孔子和他的思想影响深远，他被尊为“圣人”。

大约公元前551年，孔子诞生在鲁国（现在山东曲阜）。鲁国东南有一座昌平山，山下即古昌平乡，昌平乡东有一座不太高的小山，名叫尼丘山。父母认为他是尼丘山赐予自己的，便给他起名为丘，字“仲尼”。

孔子13岁开始上学，30岁时办起了私学，招收了很多学生，据说他的学生前后有3000多人。孔子招收的学生不分贵贱，贵族子弟、平民子弟甚至鲁国以外的青年都慕名而来。孔子培养学生有一套独特的方法，他善于循循善诱，教学成效显著，弟子中精通六艺的得意门生就有72人之多。

孔子在教育上是成功的，但在仕途上却屡屡碰壁，无法施展自己的才华。孔子是一个有政治抱负的人，他渴望得到一位贤明君主的重用，出仕从政，以实现自己的“仁政德治”，做到“博施于民而能济众”，“救民于水火之中”。

公元前497年，孔子开始了为期14年的周游列国的漫长旅程。他盼望着从中寻到一块能实现自己抱负的乐土，可当时诸侯国各国争战不休，纵使他有满腔的学问和治国主张，也没有人对此感兴趣，用他自己的话说，犹如丧家之犬，受到驱逐。他周游各国，历尽磨难，仍未被重用。最后，孔子只得返回家乡，昆时，他已经68岁了。

孔子是中国历史上第一个伟大的教育家。他总结积累了许多有益的教育理念和教学方法，比如他提倡“有教无类”；注重“因材施教”，主张“温故而知新”“多闻阙疑”“学而不思则罔，思而不学则殆”“不愤不启，不悱不发”等一系列行之有效的教学方法。他对保存古代文献也做出了巨大贡献，编撰《春秋》，开创了私人修史的先例，这在中国历史上具有创造性贡献。孔子办教育，成六艺，在中国古代是空前绝后的伟业。孔子对中国古代思想史、文化史和教育史所做的卓越贡献，奠定了他“万世师表”的“文圣”地位。

庄子

庄子（公元前 369—前 286 年），名周，战国时期，宋国人。他崇拜自然、蔑视权威、追求个体的精神自由；他的文章想象丰富、气势恢宏、机智辛辣，是中国思想史、文学史上不可多得的瑰宝，他是战国中期道家思想的集大成者。

庄子，约生于公元前 369 年的宋国蒙地（今河南商丘顺河清凉寺），是战国中期道家学说的集大成者。庄子曾在蒙做过漆园小吏，但不知是因不善管理而被罢免还是瞧不起这种有累身心的工作，他很快就不做了。为了维持生计，他以打草鞋为业，经常过着入不敷出的日子，有时不得不靠借钱度日。但是，贫困的生活并没有使他庄子废，相反，他反而自寻其乐，以追求身心的解脱。

庄子为人非常清高孤傲，对人世间的功名利禄非常淡泊。他忘情山水之间，逍遥遨游，怡情乐性。在肉体上逃避现实，免受动乱的残害；在精神上以一种积极的主动的姿态，超凡脱俗，翱翔于幻想的精神世界之中。在遨游山水中感悟人生。

庄子生活的时候，正值百家争鸣的繁荣时期，与世无争的庄子没有置身事外。为了维护自己的学说，他不怕劳累身心，不遗余力地对以儒家为首的名家各派都进行了批评。他说：“古代的圣人品德真是太完备了。他们可以与神明比美，他们把天地当作准则。使天下得到和平与安宁，思泽施及百姓！不仅通晓大经大法，而且也了解大经大法所包含的细枝末节。无论政务有多少头绪，大的也罢，小的也罢，精的也罢，粗的也罢，道的运行无处不在。”

庄子当时已经接触到宏观世界和微观世界的问题。他把道家哲学思想用妙趣横生的寓言来阐述，含义深刻且想象力惊人。比如他说过这样一则寓言：

任公子钓大鱼，用巨大的渔具和50头牛的肉作钓饵，坐在会稽山顶，钓东海的鱼。钓了一年，钓起大鱼后，任公子将鱼分给浙江以东至湖南嶷山的人吃肉，到最后人们都吃够了鱼的肉。这则寓言构思奇特，启示人们只有那些有远大理想，才识过人而又不急于求成的人，才可大有作为。

庄子才华横溢，行文汪洋恣肆，所用词汇如万斛珠泉随地涌出。他创造的众多词汇丰富了祖国的语言宝库，比如：“鹏程万里”、“燕雀安知鸿鹄之志”等，至今还常常被人们引用。

墨子

墨子（公元前468—前376年），名翟，战国初期伟大的思想家，墨家学派的创始人。关于墨子的出生地，历来有争议。《史记·孟荀列传》说他是“宋之大夫”，《吕氏春秋·当染》认为他是鲁国人，也有的说他原为宋国人，后来长期住在鲁国。墨子自称“今翟上无君上之事，下无耕农之难”，似属当时的“士”阶层。但他又承认自己是“贱人”。他可能当过工匠或小手工业主，具有相当丰富的生产工艺技能。

墨子“日夜不休，以自苦为极”，长期奔走于各诸侯国之间，宣传他的政治主张。相传他曾止楚攻宋，实施兼爱、非攻的主张。他“南游使卫”，宣讲“蓄士”以备守御。又屡游楚国，献书楚惠王。他拒绝楚王赐地而去，晚年到齐国，企图劝止项子牛伐鲁，未成功。越王邀墨子做官，并许以五百里封地。他以“听吾言，用我道”为前往条件，而不计较封地与爵禄，目的是为了实现他的政治抱负和主张。

墨子哲学思想的主要贡献是在认识论方面。他以“耳目之实”的直接感觉经验为认识的唯一来源，他认为判断事物的有与无，不能凭个人的臆想，而要以大家所看到的和所听到的为依据。墨子从这一朴素唯物主义经验论出发，提出了检验认识真伪的标准，即三表：“上本之于古者圣王之事”“下原察百姓耳目之实”“废（发）以为刑政，观其中国家百姓人民之利”。

墨子把“事”“实”“利”综合起来，以间接经验、直接经验和社会效果为准绳，努力排除个人的主观成见。在名实关系上，他提出“非以其名也，以其取也”的命题，主张以实正名，名副其实。墨子的认识论也有很大的局限性，他忽视理性认识的作用，片面强调感觉经验的真实性。他曾以有人“尝见鬼神之物，闻鬼神之声”为理由，得出“鬼神之有”的结论。

墨子的世界观中存在着深刻的内在矛盾。一方面他强调“非命”、“尚力”，认为决定人们不同遭遇的不是“命”，而是“力”。他指出，“赖其力而生，不赖其力则不生”，充分肯定“人力”在社会生活与改造自然过程中的作用，另一方面，墨子又肯定“天志”和“鬼”的作用。他把“天”说成是有意志的人格神，宣扬“顺天意者”，“必得赏”；“反天意者”，“必得罚”。他认为“兼相爱，交相利”就是“顺天意”，“别相恶，交相贼”就是“反天意”。他又认为，鬼神能“赏贤而罚暴”。他把天鬼的意志和百姓的利益说成是一回事，认为天鬼是专门为万民“兴利除害”的，这实际上成了墨子所操持的工具。

墨子在政治上提出了“兼爱”“非攻”“尚贤”“尚同”“节用”“节葬”“非乐”等主张。“兼以易别”是他的社会政治思想的核心，“非攻”是其具体行动纲领。他认为只要大家“兼相爱，交相利”，社会上就没有强凌弱、贵傲贱、智诈愚和各国之间互相攻伐的现象了。他对统治者发动战争带来的祸害以及平常礼俗上的奢侈佚乐，都进行了尖锐的揭露和批判。在用人原则上，墨子主张任人唯贤，反对任人唯亲，主张“官无常贵，而民无终贱”。他还主张从天子、诸侯国君到各级正长，都要“选择天下之贤可者”来充当；而人民则要服从君上，做到“一同天下之义”。

董仲舒

董仲舒（公元前179—前104年），汉广川郡（今河北景县广川镇大董古庄）人，西汉时期著名的思想家、哲学家、教育家，人称“汉代孔子”的经学大师。

汉文帝时，董仲舒被朝廷选为博士。博士是我国古代一种学官的名称，其职责是传授经典。汉文帝开始设立经学博士，召集一批精通儒家经典的学者，专门负责传授儒家的某一部经典。董仲舒专门负责传授《春秋公羊传》。董仲舒在致力于研究儒家经典的同时，也十分重视对阴阳学说和神仙方术的研究。

汉武帝时，西汉王朝经过长期的休养生息，已基本治愈了战争的创伤。于是，这位年轻的皇帝准备大刀阔斧地干一番事业。他下令广召天下贤良之士，讨论治国方略。董仲舒对此早已成竹在胸，他挥笔写下了一篇奏章，献给汉武帝。在这篇奏章里，董仲舒主张统治者应实行“德治”，以“礼乐”教育感化百姓。他用阴阳五行思想解释“德治”的合理性，指出“德治”乃是上天的意志，皇帝身为上天的儿子，是上天在人间的唯一代表，因此就应该遵从上天的意志，实行“德治”，以德抚民。他又以周秦以来的政治得失为例，尤其以秦王朝迅速灭亡的教训为例，论证实行“德治”是治国之本。

汉武帝看了董仲舒的奏章，连声称好。经过认真地遴选、评比，董仲舒的奏章被选为天下第一。尽管统治者选拔贤良之士有自己的标准，然而，“天下第一”毕竟是对董仲舒渊博学识的认定。

汉武帝非常赏识董仲舒的才学，于是便召他进殿，亲自向他提了两个关于如何治国安邦的问题。董仲舒恭恭敬敬地上了两道奏章，陈述自己的见解。他认为，严刑峻法是促使秦王朝灭亡的重要原因。因此，他在奏章中抨击了法家学派的主张，而力倡儒家以德治为主、以刑罚为辅的政治思想。同时董仲舒发挥其学问专长，从公羊学家的立场出发，指出孔子作《春秋》的本义即在于主张“大一统”。汉代继秦而后，虽然实现了政治上的统一局面，但鼓励各家学说竞相传播的文化政策却并不利于汉王朝的长治久安。因此，董仲舒向汉武帝建议：凡不属于《礼》《乐》《诗》《书》《易》《春秋》（即儒家六经）的科目，不同于孔子、儒家学说的理论和主张，都要加以禁止。即所谓“罢黜百家，独尊儒术”。董仲舒认为，只有思想统一了，汉王朝的政权才能得以巩固和发展。汉武帝采纳了他的建议。董仲舒应诏陈言，一举夺魁，所靠的既不是弄虚作假，也不是阿谀奉承，而是真才实学，是他多年专心致志、勤奋钻研的结果。

在中国历史上，孔子、董仲舒、朱熹是中国古代三大思想家。孔子是儒学创始人，董仲舒是经学大师，朱熹是理学大师。经学是汉代的儒学，理学是宋明时代的儒学。这三位大师的思想体系，是不同时期的儒学代表，是儒学发展的三个里程碑。儒学在发展中适应了时代的需要，成为中华民族精神的主干，在汉代乃至其后两千多年的中国封建社会中占主导地位。

董仲舒使儒学由诸子而成独尊，由一家融汇百家，起到了承前启后的关键作用，他的学说思想影响极为深刻而久远。

王充

王充（公元 27—约 97 年），字仲任，会稽上虞人，东汉杰出的唯物主义思想家和哲学家。

王充少年时就成了孤儿，后来到京城太学（中央最高学府）里学习，拜班彪为师。王充在洛阳除了从学名师交游朋友外，还博览群书。《后汉书》记载王充在洛阳时，“家贫无书，常游洛阳市肆，阅所卖书，一见辄能诵忆，途通众流百家之言”。在熟读经史之余，王充还兼及百家诸子之学，从而积累了渊博的知识，这是他日后成就其博学通才的原因之一。

王充对做官不感兴趣，无意于仕途。会稽郡征聘他为功曹，因为多次和上级争论，和上级不合而辞职离开。刺史董勤征聘他为从事，改任治中，他又自己辞职回家。他的朋友同郡人谢夷吾上书推荐王充有才学，汉肃宗特地下诏派遣公车（朝廷征聘贤人特定的车马）去征聘他，王充因为生病没有去，当时他已年近七十。王充认为庸俗的读书人做学问，大多都失去了儒家本质，于是闭门思考，谢绝一切庆贺礼节，专心于著书立说，据说他卧室内的窗户、墙壁上都放着刀和笔。经过多年的艰辛写作，终于完成了著名的唯物主义论著《论衡》。永元（汉和帝年号）年间，王充病死在家中。

东汉时代，儒家思想占据着支配地位，但与春秋战国时期所不同的是，这时候的儒家学说被蒙上了神秘主义的色彩，掺进了谶纬学说，使儒学变成了“儒术”。汉儒思想体系是董仲舒提出的唯心主义哲学思想，其核心是

“天人感应”说，由此生发出对其他一切事物的神秘主义的解释和看法。“天人感应”的主要思想就是上帝有意识地创造了人，并为人生了五谷万物，有意识地生下帝王来统治万民，并立下统治的秩序。王充写作《论衡》一书，就是针对这种儒术和神秘主义的谶纬说进行批判。

整个东汉200年间，称得上思想家的，仅有王充、王符、仲长统三位，范晔在《后汉书》中将三人立为合传，后世学者更誉之为汉世三杰。而三家中，王充的年辈最长，著作最早，是三家中最杰出，也最有影响的思想家。

王弼

王弼，三国魏名士、玄学家，字辅嗣，山阳高平（今山东邹县西南）人。他抛弃了两汉以来繁琐的经学和谶纬迷信，采用思辩哲学的形式，以探讨宇宙本体问题作为其思想体系的核心。王弼认为万有统一于一个共同的最高本体——“道”或“无”。

王弼把老子“有生于无”的思想引向“以无为体”“以有为用”的本体论，认为在自然界之上，有一个非物质性的实体，这个实体是宇宙万物存在的根据，由此建立起“以无为本”的唯心主义本体论学说，又称“贵无论”。

在自然与名教的关系上，主张以自然为本，名教为末。根据“自然”“无为”的原则对待名教，只要符合这个原则，名教则完全是必要的，表现出调和自然与名教的倾向。

王弼的“圣人有情”说则认为，圣人能体现自然之道，以“无”为体，但圣人五情与众人同，故不能没有哀乐的感情。圣人与众人的区别仅在于“应物而无累于物”。

王弼的主要著作有《周易注》《周易略例》《老子注》《老子指略》《论语释疑》等。

裴頠

裴頠，字逸民，中国西晋哲学家，河东闻喜（今属山西）人。他曾任散骑常侍，国子祭酒兼右军将军、尚书左仆射之职，是司马昭政权的幕僚。

裴頠反对王弼、何晏的“贵无论”，提出“崇有论”。在裴頠看来，万有的整体是最根本的“道”，万有不是由“无”产生的，而是“自生”的，“自生而必体有”。他还认为万物生化有其规律。从“崇有论”出发，他重视现实存在的事物，对轻视事功的放达风气极为不满，试图论证封建等级制的合理性。

裴頠在当时影响很大，被认为是崇有派的领袖。著有《崇有论》，《晋书》将其完全载入裴頠传中。黄玉顺《咏裴頠 》：“裴頠逸民称谈薮，何王贵无我崇有。无为乃是君王事，臣子安得拱其手！”

周敦颐

周敦颐，原名敦实，避英宗旧讳改敦颐，字茂叔，号濂溪先生，谥号“元公”，中国宋代（北宋）的大儒，思想家、理学家、哲学家。与邵雍、张载、程颢、程颐并称为“北宋五子”。

周敦颐是我国理学的开山鼻祖，他的理学思想在中国哲学史上起了承前启后的作用。他继承《易传》和部分道家以及道教思想，提出了一个简单而有系统的宇宙构成论，说“无极而太极”，“太极”一动一静，产生阴阳万物。“万物生而变化无穷焉，惟人也得其秀而最灵。”（《太极图说》）圣人又模仿“太极”建立“人极”。“人极”即“诚”，“诚”是“纯粹至善”的“五常之本，百行之源也，是道德的最高境界”。只有通过主静、无欲，才能达到这一境界。他的学说，在以后700多年的学术史上产生了广泛的影响，他所提出的哲学范畴，如无极、太极、阴阳、五行、动静、性命、善恶等，也成为后世理学研究的课题。

邵雍

邵雍，字尧夫，世称“百源先生”，又称“康节先生”，北宋五子之一。他融合儒道思想，把《周易》归结为“象”和“数”，从而构造出宇宙发生图式。

邵雍认为，道为天地之本，天地是万物之本。天由道而生，地由道而成，物由道而有形，人由道而行。道是无形无象永恒的精神本体，天地万物是它的派生物。而“太极”又是道之极，产生万物的道存在于“太极”之中，道生万物的过程是：道生天地。天分阴阳，地分刚柔，刚则二分为四。天生动，地生静，这是天地之道。动则生阳，静则生阴。天生出太阳、太阴、少阴，即日月星辰；地生出太柔、少柔、太刚、少刚，即水火土石。这个道生万物的过程用数表示，为道生一，一为太极；一生二，二为两仪（天地）；二生四，四为四象（日月星辰）；四生八，八为八封；八生六十四，“六十四具而后天地之数备焉”。

道和太极是静而不动的，它发用则为“神”，因“神”的变化有数，有数才有象、有器（具体事物），万物生产之后，又经变化归复于太极。他发挥《中庸》“天命之谓性”的观点，提出天下之物，皆有理、有性、有命。“天使我有之谓命”，“天命”赋我以性，性之在物称谓理。“顺理”就是顺其“天命”，能顺“天命”，则无所不通。宋朝理学鼻祖之一的程颢曾在与邵雍切磋之后赞叹道：“尧夫，内圣外王之学也！”

张载

张载是北宋时期一位重要的思想家，关学的创始人，理学的奠基者之一。其学术思想在中国思想文化发展史上占有重要地位，对以后的思想界产生了较大的影响。

张载认为，宇宙的本原是气。他认为宇宙是一个无始无终的过程，在这个过程中充满浮与沉、升与降、动与静等矛盾的对立运动。他还把事物的矛盾变化概括为“两与一”的关系，说：“两不立则一不可见，一不可见则两之用息。”在认识论方面，他提出“见闻之知”与“德性之知”的区别，见闻之知是由感觉经验得来的，德性之知是由修养获得的精神境界，进入这种境界的人就能“大其心则能体天下之物”。在社会伦理方面，他主张通过道德修养和认识能力的扩充去“尽性”。他主张温和的社会变革，实行井田制，实现均平，富者“不失其富”，贫者“不失其贫”。

张载还提倡“民胞物与”思想。他在《西铭》中说：“乾称父，坤称母……民，吾同胞；物，无与也。”乾坤是天地的代称，天地是万物和人的父母，天、地、人三者混合，处于宇宙之中，因为三者都是“气”聚而成的物，天地之性，就是人之性，因此人类是我的同胞，万物是我的朋友，万物与人的本性是一致的。

二程

二程指程朱理学的奠基者，宋代理学的创始人程颢、程颐二人。程颢，字伯淳，又称明道先生；程颐，字正叔，又称伊川先生，世称“二程”。著作有《二程集》。

二程从“理”作为宇宙本体而气化万物出发，在心物观方面，提出“心即是理，理即是心”，客观事物是“心”观照的结果。在形神观方面，同样也是“有是心”，而后才“具是形”。提出只要认识到天地间充满了“仁”，即可消除人物界限，达到天人合一。在人性论上，二程认为人性是理气结合而成的。从理方面来的“天命之性”，凡圣一样都具有善质；从气方面来的“气质之性”，则因气有清浊厚薄，故有贤愚、善与不善之分，但只要“肯学”，“不自暴自弃”，下愚也是可移的。在认识心理思想方面，二程承袭张载的“闻见之知”和“德性之知”的划分，认为“闻见之知”是物交物而知，其中又有亲身经历的“真知”和间接获得的“常知”的差异。而“德性之知，不假闻见”，只要“知性便知天”。在知行关系上，二程主张知先行后：“不致知，怎生行得？勉强行者，安能持久？”在情欲心理思想方面，二程主张“存天理，灭人欲”，认为人之所以为不善，“欲诱之也”，提出要通过主一于“敬”和“唯思”等方式来“窒欲”。

朱熹

朱熹（1130—1200 年），字元晦，号晦庵、晦翁、考亭先生等，徽州婺源（今属江西省婺源县）人，南宋著名的理学家、思想家、哲学家、教育家、诗人，闽学派的代表人物，是孔子、孟子以来最杰出的弘扬儒学的大师，世称朱子。

朱熹出生在一个世代书香的家庭之中。他的父亲朱松早年曾受业于理学大师程颢、程颐的再传弟子。父亲除了精心钻研儒家经典之外，一有闲暇便亲自教朱熹读书，朱熹从小接受的就是儒家式的教育。19 岁时，朱熹一举考中进士，并很快得到了官职。但在他看来，做官如同服劳役，十分枯燥无味。在处理公务之余，朱熹仍坚持研究儒学及佛家、道家之学。

大概在朱熹 24 岁时，他第一次去拜见李侗。这是他学术生涯中的一次真正转折。李侗与朱熹的父亲朱松早年一同师事罗豫章，二人既是同门弟子，也是同道好友。唯一不同的是，朱熹的父亲既信儒家，又好佛、老，而李侗则是地道的儒家信徒，对佛、老持坚决排斥态度。因此，朱熹第一次拜见李侗，可说是高兴而来，败兴而归。当朱熹兴冲冲地把自己幼年时代既喜儒学又好佛、老的经历及体会讲给李侗听时，不但没有得到李侗的赞许，反而受到了非常严肃的批评。李侗毫不客气地指出，朱熹的错误就在于混淆了儒学与佛、老的界限，因而无法把握儒学的真谛。李侗耐心劝导朱熹放弃佛、老之学，专心钻研儒家圣贤之学。

尽管朱熹对李侗的教诲抱了一种怀疑的态度，但李侗那种坚决崇信儒家而排斥佛、老的态度还是给他留下了极深刻的印象。经过认真思考，他决定顺从李侗的意思，把禅暂时搁下，专心儒学。由博学至专思，这是一个学术研究的新境界。朱熹一旦把心思集中在儒学研究上，自然会大有收获。在同安的几年间，朱熹潜心钻研儒家经典，学问大有长进。此时读圣贤之书，与少年时代相比又别有一番滋味。用他自己的话说，“觉得圣贤言语渐渐有味”，于是也渐渐觉得李侗所说很有道理。

朱熹一生著作极多。在他众多的著述中，《四书章句集注》费时最久、用力最多。可以毫不夸张地说，《四书章句集注》的每一段文字、每一句注解都是朱熹多年独立思考的结果，是他心血与汗水的结晶。他用自己的生命为儒家的四部重要经典作了精辟的注解。

朱熹用平生的精力和心血建立了一个博大精深的理学思想体系，并用极大的热情兴办学院，传播理学。他先后亲自创建了云谷、寒泉、武夷等书院或精舍，重修了白鹿洞书院和岳麓书院。朱熹亲自制定书院院规，并亲任教职。还时常邀请著名学者来书院讲学、切磋学术，这在中国教育史上是空前的盛事。

陆九渊

陆九渊，号象山，字子静。南宋著名哲学家、教育家，与当时著名的理学家朱熹齐名，史称“朱陆”。陆九渊是中国“心学”的创始人。明代王阳明发展其学说，成为中国哲学史上著名的“陆王学派”，对近代中国理学产生深远影响，被后人称为“陆子”。

陆学直接于孟子的“万物皆备于我”的“心学”，认为“人心至灵，此理至明；人皆具有心，心皆具是理”；“宇宙便是吾心，吾心便是宇宙”；“宇宙内事是己分内事，己分内事是宇宙内事”。他认为人们的心和理都是天赋的，永恒不变的，仁义礼智信等道德品质也是人的天性所固有的，不是外铄的。至于读书，他则最重视《大学》《中庸》《论语》和《孟子》，要求联系日用事物讽咏自得，反对习注疏章句之学，场屋之文，以谋求利禄。有人曾劝陆九渊著书，他说，“六经注我，不是我注六经”，又说“学苟知本，六经皆我注脚”，陆学为明代王守仁（阳明）所发展，世称“陆王学派”，著有《象山全集》行世。

王阳明

王阳明，名守仁，字伯安，别号阳明。因被贬贵州时曾于阳明洞（今贵阳市修文县）学习，世称阳明先生、王阳明，是我国明代著名的哲学家，是二程、朱、陆后的另一位大儒，“心学”流派的重要代表人物。他在继承思孟学派的“尽心”“良知”和陆九渊的“心即理”等学说的基础上，创立了王学，或称阳明心学。王学的内在结构是由知行合一和致良知构成的。在这一结构中，王守仁以心（良知）立言，又以良知释心。心（良知）就构成了王学的基石。

在王守仁看来，心是无所不包的。物、事、理、义、善、学等都不在“吾心”之外，亦即是“心即理”。但他又认为，“良知”是心之本体，是人人生而俱来的，先验的、普遍的“知”。这种“知”是不待虑而知，不待学而能的本然，是“致良知”、为圣的内在可能性。同时，他又强调“良知”是外在的社会伦理道德与内在的个体心理欲求的统一（“天理之在人心”），是与天地万物同体的。正是这个充塞天地的“良知”（灵明），才使“我”与万物（包括社会）无间隔地一气流通，互不内外远近地融为一体。也正是这种天地间活泼泼的、“个个心中有仲尼”的“良知”，才感召人们去追求那种“淳德凝道，和于阴阳，调于四时，去世离俗，积精全神，游行于天地之间，视听八远之外”的圣人境界。由此，王阳明的“心学”，极大地强调了主体意识的能动性，高扬了人格精神的伟大。

王夫之

王夫之（1619—1692 年），字而农，号姜斋，别号一壶道人，湖南衡阳人，明末清初杰出的思想家、哲学家，唯物主义集大成者，与方以智、顾炎武、黄宗羲同称明末四大学者。

王夫之学问渊博，对天文、历法、数学、地理学等均有研究，尤精于经学、史学、文学，他最大的成就是在哲学上总结并发展了中国传统的唯物主义。

在发展观方面，王夫之综合以往丰富的认识成果，并对自己所面对的复杂的社会矛盾运动进行哲学概括，对中国古代辩证法的理论发展作出了重要贡献。

王夫之提出了“太虚一实”的唯物论思想，对“气”的范畴给出了新的哲学规定，对理气关系、道器关系问题进行了较深入的理论探讨，做了明确的唯物主义解释。

王夫之坚持唯物主义的道器观，提出“无其器则无其道”，“尽器则道在其中”，系统地驳斥了割裂、颠倒道器关系的唯心主义思想。他给传统道与器范畴以新的解释，认为“形而上”的“道”与“形而下”的“器”所标志的一般（共同本质、普遍规律）和个别（具体事物及其特殊规律），两者是“统此一物”的两个方面，是不能分离的。

王夫之利用和改造了佛教哲学的“能、所”范畴，对认识活动中的主体和客体、主观认识能力和客观认识对象加以明确的区分和规定，强调“所不在内”“必实有其体”和“能不在外”“必实有其用”，二者不容混淆、颠倒。他认为“能”和“所”的关系，只能是“因所以发能”，“能必副其所”，主观由客观对象的引发而产生，客观是第一性的，主观是客观的副本。从而抓住了认识论的核心问题，表述了反映论的基本原则。

王夫之的唯物主义观点是中国古代唯物主义思想的发展顶峰。王夫之的哲学论断富有批判精神。他别开生面地注释经学，以发挥自己的思想。他把以往的学术明确地划分为“贞邪相竞而互为畸胜”的对立阵营，自觉地继承、发扬《易》学系统中的朴素辩证法和前人的唯物主义气一元论。同时，他把各种宗教神学和唯心唯识之说都归入“异端”阵营，主张对它们“伸斧钺于定论”，给以严厉批判。另一方面，他又主张采取“入其垒，袭其辎，暴其恃而见其瑕”的批判方法，对老庄哲学、佛教理论深入研讨，在批判中注意吸取其中的合理内容，从而积累了大量先世的思想资料，创立了具有总结历史意义的博大哲学体系。

严复

严复，原名宗光，字又陵，后改名复，字几道，汉族，福建侯官人，1854 年出生在一个医生家庭里。1866 年，严复考入了家乡的福州船政学堂，学习英文及近代自然科学知识，五年后以优等成绩毕业。1877—1879 年，严复等被公派到英国留学，先入普茨茅斯大学，后转到格林威治海军学院。留学期间，严复对英国的社会政治产生兴趣，涉猎了大量资产阶级政治学术理论，并且尤为赞赏达尔文的进化论观点。

1879年毕业回国，到福州船厂船政学堂任教习，次年调任天津北洋水师学堂总教习（教务长），1889年后捐得选用知府衔，并升为会办、总办（校长）。严复还曾担任过京师大学堂译局总办、上海复旦公学校长、安庆高等师范学堂校长、清朝学部名辞馆总编辑等职。

回国后，严复从海军界转入思想界，积极倡导西学的启蒙教育，完成了著名的《天演论》的翻译工作。他的译著既区别于赫胥黎的原著，又不同于斯宾塞的普遍进化观。在《天演论》中，严复以"物竞天择""适者生存"的生物进化理论阐发其救亡图存的观点，提倡鼓民力、开民智、新民德、自强自立、号召救亡图存。译文简练，首倡"信、达、雅"的译文标准。主办《国闻报》。"与天交胜"在当时的知识界广为流传。他的著名译著还有亚当·斯密的《原富》、斯宾塞的《群学肄言》、孟德斯鸠的《法意》等，他第一次把西方的古典经济学、政治学理论以及自然科学和哲学理论较为系统地引入中国，启蒙与教育了一代国人。辛亥革命后，京师大学堂改名为北京大学。

1912年严复受袁世凯命，担任北大校长之职，这也表明严复在思想界和学术界有着令人信服的显赫地位。此时严复的中西文化比较观走向成熟，开始进入自身反省阶段，趋向对传统文化的复归。他担忧中国丧失本民族的"国种特性"会"如鱼之离水而处空，如蹩跛者之挟拐以行，如短于精神者之恃鸦片为发越，此谓之失其本性"，而"失其本性未能有久存者也。"出于这样一种对中华民族前途与命运的更深一层的忧虑，严复曾经试图将北京大学的文科与经学合而为一，完全用来治旧学，"用以保持吾国四五千载圣圣相传之纲纪彝伦道德文章于不坠”。

严复1921年10月27日去世，终年68岁。著作有《严几道诗文钞》等。著译编为《侯官严氏丛刊》《严译名著丛刊》。

李泽厚

李泽厚，1930年生，著名哲学家，湖南长沙人，1954年毕业于北京大学哲学系，中国社会科学院研究员，教授，美国科罗拉多学院哲学系讲座教授。

李泽厚成名于20世纪50年代，以重实践、尚“人化”的“客观性与社会性相统一”的美学观卓然成家。80年代，李泽厚不断拓展其学术论域，促引思想家在启蒙的路径上艰辛前行。90年代，李泽厚客居美国，出版了《论语今读》《世纪新梦》等著作，对中国未来的社会建构给予了沉甸甸的人文关怀。其主要著作有《批判哲学的批判——康德述评》《我的哲学提纲》《中国〈古代、近代、现代〉思想史论》《美的历程》《华夏美学》《美学四讲》《走我自己的路》《世纪新梦》《论语今读》《己卯五说》等。

冯友兰

冯友兰，字芝生，河南唐河人。1912年入上海中国公学大学预科班，1915年入北京大学文科中国哲学门，1919年赴美留学，1924年获哥伦比亚大学博士学位。回国后历任中州大学、广东大学、燕京大学教授、清华大学文学院院长兼哲学系主任。抗战期间，任西南联大哲学系教授兼文学院院长。1946年赴美任客座教授。1948年末至1949年初，任清华大学校务会议主席。曾获美国普林斯顿大学、印度德里大学、美国哥伦比亚大学名誉文学博士。1952年后一直为北京大学哲学系教授。

1923年夏，冯友兰以《人生理想之比较研究》(又名《天人损益论》)顺利通过美国哥伦比亚大学博士毕业答辩，获哲学博士学位。是年秋回国后，沿博士论文方向写成《一种人生观》。1924年又写成《人生哲学》，作为高中教材之用，在这本书中，冯友兰确立了其新实在主义的哲学信仰，并开始把新实在主义同程朱理学相结合。在燕京大学任教期间，冯友兰讲授中国哲学史，分别于1931年、1934年完成《中国哲学史》上、下册，后作为大学教材，为中国哲学史的学科建设作出了重大贡献。

从1939年到1946年冯友兰连续出版了6本书，称为“贞元之际所著书”：《新理学》(1937)、《新世训》(1940)、《新事论》(1940)、《新原人》(1942)、《新原道》(1945)、《新知言》(1946)。通过“贞元六书”，冯友兰创立了新理学思想体系，使他成为中国当时影响最大的哲学家。

20世纪五六十年代是冯友兰学术思想的转型期。新中国成立后，冯友兰放弃其新理学体系，接受马克思主义，开始以马克思主义为指导研究中国哲学史。著有《中国哲学史新编(第一、二册)》《中国哲学史论文集》《中国哲学史论文二集》《中国哲学史史料学初稿》《四十年的回顾》和七卷本的《中国哲学史新编》等书。

第二章

外国哲学人物

苏格拉底

苏格拉底（公元前469—前399年），既是古希腊著名的哲学家，又是一位个性鲜明、从古至今被人毁誉不一的著名历史人物。他的父亲是石匠和雕刻匠，母亲是接生婆。

青少年时代，苏格拉底曾跟父亲学过手艺，熟读荷马史诗及其他著名诗人的作品，靠自学成了一名很有学问的人。他以传授知识为生，30多岁时做了一名不取报酬也不设馆的社会道德教师。许多有钱人家和穷人家的子弟常常聚集在他周围，跟他学习，向他请教。苏格拉底却常说："我只知道自己一无所知。"

苏格拉底一生过着艰苦的生活。无论酷暑严寒，他都穿着一件普通的单衣，经常不穿鞋，对吃饭也不讲究。但他似乎没有注意到这些，只是专心致志地做学问。苏格拉底的学说具有神秘主义色彩。他认为，天上和地上各种事物的生存、发展和毁灭都是神安排的，神是世界的主宰。他反对研究自然界，认为那是亵渎神灵的。他提倡人们认识做人的道理，过有道德的生活。他的哲学主要研究探讨的是伦理道德问题。

苏格拉底无论是生前还是死后，都有一大批狂热的崇拜者和一大批激烈的反对者。他一生没留下任何著作，但他的影响却是巨大的。哲学史家往往把他作为古希腊哲学发展史的分水岭，将他之前的哲学称为前苏格拉底哲学。作为一个伟大的哲学家，苏格拉底对后世的西方哲学产生了极大的影响。

苏格拉底的影响是广泛的，他的言论在当时的雅典思想领域内有着广泛的教化作用。众多狂热的追随者们聆听他的言论并加以整理，并且发扬光大，从而产生出各种各样的思想学派和哲学原则。他的许多朋友都虔诚地记载下他的言论，并且（有许多人变成了著作家）满足于如实地描述他那种方式的谈话，这些谈话或者是他们亲身经历的，或者是他们听来的，有时候他们甚至捏造出这种谈话；此外，这种谈话的记述中还包含着思辨的研究，并且（他们有着实践的目的）尽他们的义务，即坚定地、忠实地、安静地和满意地保持他们的身份和立场。

苏格拉底死后，他的一群学友都离开雅典，奔往麦加拉；柏拉图也往那里去了。欧几里德原来住在那里，他尽力（很好地）接待了他们。当苏格拉底的罪名取消而原告受到惩罚之后，苏格拉底派有一部分人回去了，一切又恢复宁静了。柏拉图潜心研究老师的思想精髓，后来成为西方最伟大的哲学家，被称为西方哲学之父。

一直到18世纪，尼采仍然认为，苏格拉底的影响支配了世世代代，直至今日。

柏拉图

柏拉图是古希腊伟大的哲学家，也是全部西方哲学乃至整个西方文化最伟大的哲学家和思想家之一，他和老师苏格拉底、学生亚里士多德并称为古希腊三大哲学家。

柏拉图出生在雅典城里的一个奴隶主贵族家庭里，家庭非常富有，从小就受到良好的教育，父亲给他请了三位启蒙老师，一位教文学，一位教美术和音乐，一位教体育。柏拉图的文学老师经常给他讲故事，有时让他模仿着讲，渐渐地，柏拉图对写作产生了浓厚的兴趣。在美术老师的培养下，柏拉图对美学也产生了浓厚的兴趣。当时在雅典最有学问的人是苏格拉底，柏拉图非常崇拜他，决心拜他为师。

公元前 399 年，苏格拉底以“传播异端”和“腐蚀青年”罪被判处死刑，苏格拉底在法庭上慷慨陈词，锋芒毕露。或自辩无罪，或反驳原告，或抨击当局，或直抒人生哲学。老师死后，柏拉图把老师的辩词编写成文。

苏格拉底受审并被判死刑，柏拉图对现存的政体完全失望，于是开始游遍意大利、西西里岛、埃及、昔兰尼等地以寻求知识。在 40 岁时（约公元前 387 年），柏拉图结束旅行返回雅典，并在雅典城外西北郊的圣城阿卡德米创立了自己的学校——阿卡德米学园，学园成为西方文明最早的拥有完整组织的高等学府之一，后世的高等学术机构也因此而得名，也是中世纪时在西方发展起来的大学的前身。阿卡德米坐落于一处曾为希腊传奇英雄阿卡得摩斯住所的土地上，因而以此命名。学院存在了 900 多年，直到公元 529 年被查士丁尼大帝关闭为止。公元前 386 年，柏拉图在这办了一所学园，一边从事教学，一边著书立说，力图按照自己的政治哲学培养从政的人才。

柏拉图的理念是善，他认为世界由“理念世界”和“现象世界”所组成。理念的世界是真实的存在，永恒不变，而人类感官所接触到的这个现实的世界，只不过是理念世界的微弱的影子，它由现象所组成，而每种现象是因时、空等因素而表现出暂时变动等特征。由此出发，柏拉图提出了一种理念论和回忆说的认识论，并将它作为其教学理论的哲学基础。

柏拉图认为，每门学科均有其独特的功能，凡有所学，皆会促成性格的发展。在 17 岁之前，广泛而全面的学科内容是为了培养公民的一般素养，而对于未来的哲学家来讲，前面所述的各门学科都是学习辩证法必不可少的知识准备。文法和修辞是研究哲学的基础；算术是为了锻炼人的分析与思考能力；学习几何、天文，对于航海、行军作战、观测气候、探索宇宙十分重要；学习音乐则是为了培养军人的勇敢和高尚的道德情操。同时，他还很重视选择和净化各种教材，如语言、故事、神话、史诗等，使其符合道德要求，以促进儿童心智之发展。

柏拉图认为任何一种哲学要能具有普遍性，必须包括一个关于自然和宇宙的学说在内。柏拉图试图掌握有关个人和大自然永恒不变的真理，因此发展一种适合并从属于他的政治见解和神学见解的自然哲学。

亚里士多德

公元前 384 年，亚里士多德生于富拉基亚的斯塔基尔希腊移民区，这座城市是希腊的一个殖民地，与正在兴起的马其顿相邻。他的父亲是马其顿国王腓力二世的宫廷侍医。从他的家庭情况看，他属于奴隶主阶级中的中产阶层。他于公元前 367 年迁居到雅典，曾经学过医学，还在雅典柏拉图学院学习过很多年，成为了柏拉图学院的积极参加者。

从 18 岁到 38 岁——在雅典跟柏拉图学习哲学的 20 年，对亚里士多德来说是个很重要的阶段，这一时期的学习和生活对他的一生产生了决定性的影响。苏格拉底是柏拉图的老师，亚里士多德又受教于柏拉图，这三代师徒都是哲学史上赫赫有名的人物。在雅典的柏拉图学园中，亚里士多德表现得很出色，柏拉图称他是“学园之灵”。但亚里士多德可不是个只崇拜权威，在学术上唯唯诺诺而没有自己的想法的人。同大谈玄理的老师不同，他努力地收集各种图书资料，勤奋钻研，甚至为自己建立了一个图书室。有记载说，柏拉图曾讽刺他是一个书呆子。在学园期间，亚里士多德就在思想上跟老师有了分歧。他曾经隐喻过，智慧不会随柏拉图一起死亡。当柏拉图到了晚年，他们师生间的分歧更大了，经常发生争吵。

公元前 347 年，柏拉图去世，亚里士多德在雅典继续待了两年。此后，他开始游历各地。公元前 343 年，他受马其顿国王腓力二世的聘请，担任起太子亚历山大的老师。当时，亚历山大 13 岁，亚里士多德 42 岁。公元前 323 年，亚历山大病故。这个凭着武力征服建立起来的大帝国，经过混战，分裂成几个独立的王国。就在这个时局动荡的年代里，亚里士多德重返雅典，在那里一住就是 20 年，即从亚历山大出发远征的前一年到亚历山大去世的那一年。亚里士多德在雅典受到了很多的优待，除了在政治上的显赫地位以外，他还得到了亚历山大和各级马其顿官僚大量的金钱、物资和土地资助。他所创办的吕克昂学园，占有阿波罗吕克昂神庙附近广大的运动场和园林地区。在学园里，有当时第一流的图书馆和动植物园等。他在这里创立了自己的学派，这个学派的老师和学生们习惯在花园中边散步边讨论问题，因而得名为“逍遥派”。

在哲学上，亚里士多德可以称得上是古代最伟大的思想家。他不仅是形式逻辑的创始人，而且研究了辩证思维的最基本形式，成为第一个专门而又系统地研究思维及其规律的人。

亚里士多德批判了柏拉图的唯心主义的理念论，主要指出了一般不能离开个别而存在，事物的本质，即“形式”在事物之内。他提出“四因”说，认为具体的事物是由四种原因构成的，即质料因、形式因、动力因和目的因。他主张认识的对象是外在的事物，强调感觉在认识中的重要性，思维依赖于感觉。这里紧密地接近了唯物主义。但他又认为，理性的知识是“高贵的”知识，纯思辩的生活是最幸福的生活，是人生最高的理想，理性的发展是教育的最终目的。

亚里士多德在自然科学的发展中作出了很大贡献，对天文学、物理学、生物学、医学等方面都有深入的研究。

亚里士多德显示了希腊科学的一个转折点。在他以前，科学家和哲学家都力求提出一个完整的世界体系，来解释自然现象。他是最后一个提出完整世界体系的人。在他以后，许多科学家放弃提出完整体系的企图，转入研究具体问题。

亚里士多德集中古知识于一身，在他死后几百年中，没有一个人像他那样对知识有过系统考察和全面掌握。他的著作是古代的百科全书。恩格斯称他是“最博学的人”。

德谟克利特

德谟克利特，古希腊的属地阿布德拉人，古希腊伟大的唯物主义哲学家，原子唯物论学说的创始人之一（率先提出万物由原子构成的理论），古希腊伟大哲学家留基伯是他的导师。

在第欧根尼·拉尔修的记载中，他通晓哲学的每一个分支，同时，他还是一个出色的音乐家、画家、雕塑家和诗人。他是古希腊杰出的全才，在古希腊思想史上占有很重要的地位。他认为，万物的本原是原子和虚空。

原子是不可再分的物质微粒，虚空是原子运动的场所。人们的认识是从事物中流射出来的原子形成的“影像”作用于人们的感官与心灵而产生的。在伦理观上，他强调幸福论，主张道德的标准就是快乐和幸福。著有《小宇宙秩序》《论自然》《论人生》等，但仅有残篇传世。

德谟克利特提出了圆锥体、棱锥体、球体等体积的计算方法。他对逻辑学的发展也作出了重要的贡献。德谟克利特的著作涉及自然哲学、逻辑学、认识论、伦理学、心理学、政治、法律、天文、地理、生物和医学等许多方面，据说一共有52种之多，遗憾的是到今天大多数都散失或只剩下零散的残篇了。马克思和恩格斯因此赞美他是古希腊人中“第一个百科全书式的学者”。

德谟克利特把感性认识称作“暧昧的认识”，把理性认识称为“真理的认识”。因为在他看来，原子本身之间没有什么性质的不同，人们感觉所感知的各种事物的颜色、味道都是习惯，是人们主观的想法。德谟克利特的原子唯物论思想是古希腊唯物主义发展的最重要成果。德谟克利特主张世界上一切事物都是相互联系的，都受因果必然性和客观规律的制约。他认为，原子在虚空中相互碰撞而形成的旋涡运动是一切事物形成的原因，他称之为必然性。在强调必然性时，他否定了偶然性，把自然界的一切作用都归结为必然性。

德谟克利特按照他的幸福论原则，对智慧、勇敢、节制、正义，以及义务和良心等道德范畴做了与柏拉图截然不同的解释，在西方伦理学史上作出了积极的贡献。

西塞罗

西塞罗（公元前 106—前 43 年），罗马最杰出的演说家、教育家，古典共和思想最优秀的代表，罗马文学黄金时代的天才作家。

西塞罗出身于富裕的骑士家庭，从小受到良好的教育。曾赴希腊求学，受柏拉图、亚里士多德和斯多葛派思想的影响颇深。他先后在著名的修辞学家、法学家和斯多噶派哲学家所办的学校接受教育。公元前 77 年，回罗马担任律师。公元前 63 年当选为罗马执政官，后为元老院元老。公元前 51 年赴小亚细亚任奇里乞亚总督。他反对独裁，维护贵族共和制。在第二次“三头同盟”成立后，他被三头之一的 M. 安东尼的部下于公元前 43 年 12 月 7 日杀害。他一生著述甚丰，在政治方面主要有《论国家》、《论法律》等。《论雄辩家》是西塞罗论述教育的主要著作，发表于公元前 55 年。在此书中，他谈论一个演说家所必需的学问和应该具有的品格。

西塞罗是古罗马第一个依据斯多葛派观点系统阐发自然法思想的人。他认为自然法是真正的法律，亦即正确的理性，是衡量是非的准则；上帝是这种法律的“起草者、解释者和监护者”；成文法必须符合自然法，否则就称不上是法律。在他看来，自然法、上帝与理性是同一的，正义、善、成文法均为它们的体现。所有的人在这永恒不变、普遍适用的自然法面前都是平等的，但不是财产的均等，而是理性的共有。

与古希腊思想家波里比阿一样，西塞罗认为君主、贵族、民主三种政体都有积极因素，也都有趋于腐败的因素，因而理想的政体应该是一种均衡的政体。不过西塞罗的共和政体理论在一些方面已经比波里比阿有所发展。比如在分权制衡思想方面，波里比阿只是提出了一些描述性的观点，而西塞罗却设计了具体的方案。根据他的方案，在元老院、执政官和平民大会三种权力之间，在立法、行政、司法、监察机关之间都应存在严格的制约关系，彼此相互牵制，保持一种平衡状态。

这一权力制衡思想的重要意义已经为历史所证明。千年之后，法国的孟德斯鸠提出“三权分立”的伟大思想，然后美国人托玛斯·杰斐逊在《独立宣言》里正式把这一思想定格为不可侵犯的最高法律——宪法。

我们今天已经很难估量西塞罗法律与宪政思想的意义。两千多年来，加在他身上的赞誉从未断过。西塞罗受到伊拉斯谟的尊崇，他出生在荷兰，16 世纪时坚定地捍卫宽容；到了 17 世纪，诚如一位评论家所说，“学校中流行的时尚”是把西塞罗的大作作为伦理学课本；哲学家洛克推荐过西塞罗的著作；主张权力分立的法国的孟德斯鸠男爵认为西塞罗是“最伟大的人物之一”；伏尔泰则说西塞罗“教导我们如何思考”。法国大革命时期，正是受西塞罗的启发，记者金·班布泰斯勇敢地批评罗伯斯庇尔的恐怖统治。

作为宪政学说的古代先驱，西塞罗在西方思想史中的地位是无可替代的。

伊壁鸠鲁

伊壁鸠鲁出生于萨摩斯。曾在雅典接受军事训练两年。据记载，他自称 14 岁开始学习哲学，曾就学于柏拉图学派的潘菲劳和德谟克利特学派的脑西芬尼等人，并熟悉亚里士多德和阿那克萨戈拉等早期哲学家的哲学。

伊壁鸠鲁继承、修正和发展了德谟克利特的哲学，建立起一个思想上统一的完整体系。公元前306年到雅典，在他自己买的一所花园里办学，由此伊壁鸠鲁学派也称花园学派。伊壁鸠鲁的学校里有男有女，还有奴隶，以充满友谊而著称。据记载，伊壁鸠鲁的著作多达300多卷，其中重要的有《论自然》《准则学》《论生活》和《论目的》等。现存的只有3封书信和一些残篇。

伊壁鸠鲁认为，哲学的任务是研究自然的本性，破除宗教迷信，分清痛苦和欲望的界限，以便获得幸福生活。因此他的哲学可以分为三个组成部分：物理学、准则学（主要讨论逻辑和认识论问题）和伦理学。

伊壁鸠鲁认为感觉是判断真理的标准。感觉是直接的，无所谓错误，错误只发生在对感觉的判断中。他依据感觉经验，肯定物体的存在，进一步发展了德谟克利特的原子论学说。修正了德谟克利特关于原子体积和形状有无限多差别的观点，增加了与原子的运动有关的重量这一特性。提出原子有三种运动：因重量而垂直下落的运动、稍微偏离直线的偏斜运动以及由此产生的碰撞运动。伊壁鸠鲁认为物体的颜色等可以感觉到的性质是客观的，人的感觉是可靠的，概念来源于感觉，克服了德谟克利特以及古代哲学家对感觉不信任的倾向，反对了怀疑论和柏拉图的先验论。

伊壁鸠鲁的伦理学说认为快乐是生活的目的，是天生的最高的善。但是，应当区分不同的快乐。解除对神灵和死亡的恐惧，节制欲望，远离政事，审慎地计量和取舍快乐与痛苦的事物，达到身体健康和心灵的平静，这是生活的目的。伊壁鸠鲁还认为人是以个人快乐为准则的生物。国家建立在相互约定的基础上，正义是人们互不侵害的契约，有利于人相互关系的便是正义的，否则是不正义的。他劝诫人们及时享乐。他有一句名言常常为人所引用："让我们吃喝，因为明天我们就会死亡。"

毕达哥拉斯

毕达哥拉斯，古希腊数学家、哲学家。无论是解说外在物质世界，还是描写内在精神世界，都不能没有数学！最早悟出万事万物背后都有数的法则在起作用的，是生活在2500年前的毕达哥拉斯。

毕达哥拉斯出生在爱琴海中的萨摩斯岛（今希腊东部小岛），自幼聪明好学，曾在名师门下学习几何学、自然科学和哲学。以后因为向往东方的智慧，经过万水千山来到巴比伦、印度和埃及（有争议），吸收了阿拉伯文明和印度文明（公元前480年）。

公元前550年，30岁的毕达哥拉斯因宣传理性神学，穿东方人服装，蓄上头发而引起当地人的反感，从此萨摩斯人一直对毕达哥拉斯有成见，认为他标新立异，鼓吹邪说。毕达哥拉斯被迫于公元前535年离家前往埃及，途中他在腓尼基各沿海城市停留，学习当地神话和宗教，并在提尔一神庙中静修。

抵达埃及后，国王阿马西斯推荐他入神庙学习。从公元前535年到公元前525年这10年中，毕达哥拉斯学习了象形文字和埃及神话历史及宗教，并宣传希腊哲学，受到许多希腊人尊敬，有不少人投到他的门下求学。

毕达哥拉斯对数论作了许多研究，将自然数区分为奇数、偶数、素数、完全数、平方数、三角数和五角数等。在毕达哥拉斯派看来，数为宇宙提供了一个概念模型，数量和形状决定一切自然物体的形式，数不但有量的多寡，而且也具有几何形状。在这个意义上，他们把数理解为自然物体的形式和形象，是一切事物的总根源。因为有了数，才有几何学上的点，有了点才有线、面和立体，有了立体才有火、气、水、土这四种元素，从而构成万物，所以数在物之先。自然界的一切现象和规律都是由数决定的，都必须服从“数的和谐”，即服从数的关系。毕达哥拉斯还通过说明数和物理现象间的联系，来进一步证明自己的理论。他曾证明用三条弦发出某一个乐音，以及它的第五度音和第八度音时，这三条弦的长度之比为 6∶4∶3。他从球形是最完美几何体的观点出发，认为大地是球形的，提出了太阳、月亮和行星作均匀圆运动的思想。他还认为 10 是最完美的数，所以天上运动的发光体必然有 10 个。

他还有一套这样的理论：地球沿着一个球面围绕着空间一个固定点处的“中央火”转动，另一侧有一个“对地星”与之平衡。这个“中央火”是宇宙的祭坛，是人永远也看不见的。这 10 个天体到中央火之间的距离，同音节之间的音程具有同样的比例关系，以保证星球的和谐，从而奏出天体的音乐。

奥古斯丁

奥古斯丁，古罗马帝国时期基督教思想家，欧洲中世纪基督教神学的重要代表人物。在罗马天主教系统，他被封为圣人和圣师，并且是奥斯定会的发起人。对于新教教会，特别是加尔文主义，他的理论是宗教改革的救赎和恩典思想的源头。

奥古斯丁的著作是使希腊哲学的某些方面传入中世纪欧洲的一个因素。特别是新柏拉图主义对奥古斯丁思想的成熟有很大的影响，后来又通过奥古斯丁影响着中世纪的基督教哲学。我们至今还会注意到，笛卡尔提出过著名的论断“我思我在”，奥古斯丁也提出过隐含这一论断的思想，当然两者的说法各异。

奥古斯丁是黑暗时代之前的最后一位伟大的基督教神学家，从所有的主流方面来看，他的著作使基督教学说在整个中世纪基本上具有它所要保持的形式。他是一位杰出的拉丁教父，他的著作在牧师中拥有广泛的读者。他的有关拯救、性、原罪以及许多其他观点都产生过相应的影响。许多后来的天主教神学家，如托马斯·阿奎奈以及新教徒领袖如马丁·路德和加尔文，都受过他的影响。

公元 430 年，奥古斯丁在河马去世，终年 76 岁。

司各脱

司各脱全名是邓·司各脱，中世纪苏格兰经院哲学家，唯名论者，方济各会会士。曾在牛津大学学习，后在牛津和巴黎大学任教。他主张信仰和知识是两个不相联系的领域。神学有其自身的原则和最高的对象（上帝），它高于一切科学；但关于神的存在、三位一体、灵魂不死等，都是理性所不能证实的。哲学也有其自己的独立原则，它不从属于神学。邓·司各脱认为物质是独立的实在，是万物统一的基础，他在《论灵魂》中说：“也许可以说，在灵魂中有物质。”马克思就曾经深刻地指出，邓·司各脱就曾经问过自己：“物质能不能思维？”为了使这个奇迹能够实现，他求助于万能的上帝，即迫使神学本身来宣扬唯物主义。

邓·司各脱是一个极端的唯名论者，他反对实在论，认为只有单个的物体是真实存在的，一般不能离开单个的物体而独立存在。强调知识从感觉产生，人的理智犹如一块“白块”，没有任何天赋的观念，这些观念曾对17世纪英国唯物主义者洛克等产生过影响。他提倡意志自由，认为以自由意志爱上帝和爱人是人的最大幸福。他的学说被称为司各脱主义，曾与托马斯主义长期对抗。

皮浪

皮浪是古希腊怀疑论的主要代表，爱利斯人。曾参加亚历山大军队的远征，到过印度。他认为由感觉和理性得来的知识都不可靠，要认识客观世界是不可能的，甚至客观世界是否存在也是可疑的。人既不能从自己的感觉也不能从自己的意见来说事物是真的或假的，应当毫不动摇地坚持不发表任何意见，不做任何判断，对任何一件事情都说，它既不是不存在，也不是存在。

皮浪认为，人的行为只是按照风俗习惯所作的约定，无所谓光荣不光荣，正当不正当，也没有任何事物是美的或丑的；因此，没有一件事情可以肯定下来，因为人们对任何一个命题都可以说出相反的命题来。在他看来，最高的善就是不作任何判断，不要任何知识。他主张对一切都要无动于衷，不做任何反应，以免引起无谓的争论和烦恼。只有这样，才能得到灵魂的安宁。

据第欧根尼·拉尔修说，有一次皮浪在船上遇到风暴，同船人都很害怕，他却指着船上仍在安静地吃东西的一头猪说：“聪明人应该像这猪一样不动心。”

培根

弗兰西斯·培根于 1561 年 1 月 22 日出生于英国伦敦一个官宦世家。父亲尼古拉·培根是伊丽莎白女王的掌玺大臣，曾在剑桥大学攻读法律。母亲安妮是一位颇有名气的才女，她娴熟地掌握希腊文和拉丁文，是加尔文教派的信徒。12 岁时，培根被送入剑桥大学三一学院深造。在校学习期间，他对传统的观念和信仰产生了怀疑，开始独自思考社会和人生的真谛。

在剑桥大学学习三年后，培根作为英国驻法大使埃米阿斯·鲍莱爵士的随员来到了法国，在旅居巴黎两年半的时间里，他几乎走遍了整个法国，接触到不少的新鲜事物，汲取了许多新的思想，这对他的世界观的形成起到了很大的作用。1579 年，培根的父亲突然病逝，培根的生活开始陷入贫困。在回国奔父丧之后，培根住进了葛莱法学院，一面攻读法律，一面四处谋求职位。1582 年，他终于取得了律师资格，1584 年当选为国会议员，1589 年希望成为法院出缺后的书记，然而这一职位竟长达 20 年之久没有出现空缺。他四处奔波，却始没有得到任何职位。此时，培根在思想上更为成熟了，他决心要把脱离实际，脱离自然的一切知识加以改革，把经验观察、事实依据、实践效果引入认识论。这一伟大抱负是他的科学的“伟大复兴”的主要目标，是他为之奋斗一生的志向。

1602 年，伊丽莎白去世，詹姆士一世继位。由于培根曾力主苏格兰与英格兰的合并，受到詹姆士的大力赞赏。培根因此平步青云，扶摇直上。1602 年受封为爵士，1604 年被任命为詹姆士的顾问，1607 年被任命为副检察官，1613 年被委任为首席检察官，1616 年被任命为枢密院顾问，1617

年提升为掌玺大臣，1618 年晋升为英格兰的大陆官，授封为维鲁兰男爵，1621 年又授封为奥尔本斯子爵。但培根的才能和志趣不在国务活动上，而在对科学真理的探求上。这一时期，他在学术研究上取得了巨大的成果，并出版了多部著作。

1621 年，培根被国会指控贪污受贿，被高级法庭判处罚金四万英镑，监禁于伦敦塔内，终生逐出宫廷，不得担任议员和官职。虽然后来罚金和监禁皆被豁免，但培根因此而身败名裂。从此培根不理政事，开始专心从事理论著述。

1626 年 3 月底，培根坐车经过伦敦北郊。当时他正在潜心研究冷热理论及其实际应用问题。当路过一片雪地时，他突然想做一次实验，他宰了一只鸡，把雪填进鸡肚，以便观察冷冻在防腐上的作用。但由于他身体孱弱，经受不住风寒的侵袭，支气管炎复发导致病情恶化，于 1626 年 4 月 9 日清晨病逝。

弗兰西斯・培根对世界思想史和科学史作出卓越贡献，也因此赢得了不朽的荣耀。马克思、恩格斯称培根是“英国唯物主义的第一个创始人”；是“整个实验科学的真正始祖”，这是对培根哲学特点的科学概括。

而黑格尔是这样评价培根的：“培根真正关心的是现实，而不是理论。在这一点上，培根可以说是他的民族的典范。”

培根的思想同样影响着一代又一代的后来人，人类的历史，可以说就是不断探求知识的历史。

卢梭

让·雅克·卢梭生于瑞士日内瓦。他的父亲是个钟表匠。卢梭刚出生不久，他的母亲便因产后失调死去，是姑母费尽心力抚养他。卢梭从小聪明机灵，虽然他没有像富家子弟那样受过系统教育，但特别爱读书的习惯使他成了一个知识丰富的人。

母亲去世后，父亲郁郁寡欢，幸好母亲留下了不少的书，有哲学的、历史的，更多的是小说。父亲常和卢梭晚饭后相对朗读，有时他们甚至忘记了时间，以至于通宵达旦沉醉在书的世界里。这使卢梭无形中养成了读书的习惯，也充实滋养了卢梭年幼的心灵。7 岁时他已把家中所有的书都读完了。

卢梭一生漂泊不定，生活在社会的最底层，饱尝人间的冷暖与辛酸。他对社会的不平等有很深的体会，对人类社会的发展史也作过深入的研究。

1756 年,44 岁的卢梭接受朋友的馈赠——一座环境优美的乡村小房子，在那里开始了他 6 年的隐居生活。

卢梭隐居 6 年之中，写了许多著名的著作，有政治学名著《社会契约论》(又译《民约论》)，这是世界政治学史上著名的经典著作之一；他的政治观点，对后来的法国革命产生了很大影响。教育学论著《爱弥儿》简述了他那独特而自由的教育思想，这是一部儿童教育的经典著作，虽然卢梭在世时，曾因此书而遭受攻击，但其独到的教育思想，不但对后来的教育学说产生了深远的影响，而且其民主自由的思想也成为法国大革命的动力。自传体小说《新爱洛绮丝》出版后，成为人人争看的畅销书，并被翻译成多种语言，风靡全欧。

1757 年卢梭撰写的教育学名著《爱弥儿》出版，书中阐述了以自然主义为基础的教育思想，尤其是儿童期教育。他那具有独创性的教育理论对后世产生了很大影响。他强调，以儿童为本位，按年龄组对儿童进行教育。这部被誉为儿童教育经典著作的书，一经出版便震惊世界。卢梭因此受到当局的围攻，他们视这本书为异端邪说，因为当局害怕卢梭著作中的新思想，便查禁这本书。他们甚至废除了卢梭的永久性公民权，卢梭只得在国外到处躲藏。

卢梭的《爱弥儿》为什么会遭到法国反动当局如此仇视呢？原因在于，卢梭以他的《爱弥儿》在教育上掀起的是一场哥白尼式的革命。教育从来是以成人的能力和需要为标准的，卢梭却大声疾呼，要打破这个传统。“出自造物主之手的东西，都是好的，则一到了人的手里就全变坏了……他不愿意事物天然的那个样子，甚至对人也是如此，必须把人像练马场的马那样加以训练；必须把人像花园中的树木那样，照他喜爱的样子弄得歪歪扭扭。”

在卢梭短短 66 年的生命中，《人类不平等的起源》《社会契约论》《爱弥儿》《新爱洛绮丝》《忏悔录》《对话录》《孤独散步者的梦想》等一部部经典巨著的发表，接二连三地震动法国、欧洲甚至整个世界。

康德

康德，德国哲学家、天文学家、星云说的创立者之一、德国古典哲学的创始人，唯心主义，不可知论者，德国古典美学的奠定者。

1724 年 4 月 22 日清晨，康德诞生在东普鲁士的首府哥尼斯堡的一个虔诚的新教徒家庭，其幼年的精神世界受新教影响很深。直到上小学，学校的人文主义教育才改变了其宗教态度。大学毕业后，康德开始在附近的小镇做家庭教师。其间，他发表了第一部著作《关于生命力的实估计之思考》，内容是关于笛卡尔、牛顿和莱布尼茨提出的哲学与科学命题。1755 年，康德回到校园继续深造，著名的《自然通史和天体论》就是其硕士论文。之后，他开始在哥尼斯堡大学教授哲学。

1740 年，康德进了科尼斯堡大学。人们现在无法考证他当时注册了什么专业，但可以肯定的是他经常听哲学课。1755 年，康德以"自然通史和天体论"获得硕士学位，三个月后获得大学私人助教资格，开始教授哲学。在任助教期间，康德开始经常发表著作。他的论题包罗万象，从自然科学、美学、神学甚至到巫术应有尽有，但贯穿其中的问题只有一个，那就是哲学研究应该如何进行：是从理性的观点出发，从普遍真理中推导出有关事物的真理，还是从经验出发，通过观察得出普遍的结论？

康德的著述和讲课使他成为一个受人尊敬的哲学家，他的影响开始走出科尼斯堡，很多学生慕名而来成为他的弟子，其中最著名的便是与歌德和席勒一起成为魏玛古典派顶梁柱的赫尔德。

1770 年，康德在 46 岁时终于获得了科尼斯堡大学逻辑学与形而上学教授一职，他的就任报告题目是《感性与知性世界的形式与根据》。当上教授以后，康德沉寂 10 年没有发表一篇文章，而是潜心研究他的批判哲学。1781 年，他发表了"纯粹理性批判"，仅凭这一部著作，康德就可以奠定他在哲学史上的不朽地位。

康德深居简出，终身未娶，一辈子过着单调刻板的学者生活，直到 1804 年去世为止，从未踏出过出生地半步。诗人海涅说，康德是没有什么生平可说的。

康德思想的发展，以1770年他提出教授就职论文为界，分为“前批判时期”和“批判时期”。在“前批判时期”，他埋头于自然科学研究，提出了“关于潮汐延缓地球自转的假说”和“关于天体起源的星云假说”。这两大假说从物质自身的运动和发展来解释自然现象，摒弃了神学创世说和自然界永恒不变的观点。

在“批判时期”，康德发表了《纯粹理性批判》这部哲学名著。恰如康德枯燥乏味的生活一样，这本洋洋数十万言的大作非常晦涩难懂。一个读者对康德抱怨说：“读你的书十个指头都不够用，因为你写的句子太长了，我用一个手指按住一个从句，十个指头用完了，一句话还没有读完！”但是艰深的语句掩不住思想的光辉，康德哲学真的像他自己所说的那样成了哲学领域内“哥白尼式的革命”。此后他又陆续发表了《实践理性批判》和《判断力批判》这两部著作。三部著作的相继问世，成为康德批判哲学体系诞生的真正标志。

1795年出版的《论永久和平》应该是康德为人类贡献的最后一部有深远影响的著作，书中提出了世界公民、世界联邦、不干涉内政的主权国家等原则至今仍有现实意义的构想。

伏尔泰

伏尔泰原名弗兰苏阿．马利·阿鲁埃，伏尔泰是他的笔名，法国启蒙思想家、文学家、哲学家。伏尔泰是18世纪法国资产阶级启蒙运动的旗手，被誉为“法兰西思想之王”“法兰西最优秀的诗人”“欧洲的良心”。

伏尔泰才思敏捷，多才多艺。他的作品以尖刻的语言和讽刺的笔调而闻名。他曾因辛辣地讽刺封建专制主义而两度被投入巴士底狱。他的书被列为禁书，他本人多次被逐出国门。1725 年他被迫流亡英国，对英国资产阶级的政治、文化产生了浓厚的兴趣。他研究英国的资产阶级君主立宪制，研究洛克的唯物主义经验论和牛顿的万有引力理论。

伏尔泰写过大量文学作品，其中著名的有史诗《亨利亚德》《奥尔良少女》，悲剧《欧第伯》、喜剧《放荡的儿子》、哲理小说《老实人》。他又写过不少历史著作，如《路易十四时代》《论各民族的风俗与精神》等。在哲学方面，他的代表作有《哲学辞典》《形而上学论》等著作，其中最有影响的一本书是《哲学通信》，被人称为“投向旧制度的第一颗炸弹”。

伏尔泰非凡的才智、锐利的思想以及他对黑暗的封建专制主义所作的揭露，使他在人民中间享有崇高的声望。统治者也利用他。路易十五请他当过宫廷史官，普鲁士国王腓特烈二世把他待为上宾，俄国女皇叶卡捷琳娜二世曾接见过他，但最终都因他的叛逆思想不欢而散。痛苦的经历使他决心不再与任何君王往来。

伏尔泰信奉自然权利说，认为“人们本质上是平等的”，要求人人享有“自然权利”。他主张人人在法律面前平等，但又认为财产权利的不平等是不可避免的。他把英国的君主立宪制理想化了，认为最理想的是由“开明”的君主按哲学家的意见来治理国家。伏尔泰在启蒙运动的思想家中，反映了上层资产阶级的利益，主张开明君主制。他在哲学上信奉英国唯物主义哲学家洛克的经验论。

在哲学上，他承认物质世界的客观存在，肯定认识来源于感觉经验，但他又认为神是宇宙的“第一推动者”。他对劳动人民是十分鄙视的，认为他们只能干粗活，不能思考，说“当庶民都思考时，那一切都完了”。

马克思

卡尔·马克思，马克思主义的创始人，第一国际的组织者和领导者，全世界无产阶级和劳动人民的伟大导师。1818 年 5 月 5 日，马克思诞生于德国莱茵省特利尔城。马克思从小勤奋好学，善于独立思考。1830 年，他进入特利尔中学，1835 年 9 月毕业。中学时代，他受到法国启蒙思想的影响，产生了为人类谋幸福的崇高理想。1835 年 10 月，他进入波恩大学攻读法学，一年后转入柏林大学法律系。在大学期间，他除研究法学外，还研究历史、哲学和艺术理论。

1841 年，马克思以论文《德谟克利特的自然哲学和伊壁鸠鲁的自然哲学之区别》申请获得耶拿大学哲学博士。1843 年 5 月，他来到莱茵省的一个小镇克罗茨纳赫。在这里，他与童年时代的女友燕妮·冯·威斯特华伦结婚。从此，她成了马克思志同道合、患难与共的亲密伴侣和战友。

1843 年秋，马克思迁居巴黎，筹备出版《德法年鉴》杂志。在富有革命传统的法国，他积极参加法国工人的集会，了解法国工人阶级的斗争状况，同法国工人运动的领袖和正义者同盟的领导成员建立了密切联系，还结识了流亡在法国的各国革命家。巴黎的斗争生活促进了他向科学共产主义的转变。在巴黎期间，马克思进行了紧张的理论研究工作。他埋头钻研了资产阶级经济学家特别是英国古典经济学家亚当·斯密和大卫·李嘉图的劳动价值论，圣西门、博立叶、欧文等人的空想社会主义学说和空想共产主义者的思想。1844 年 8 月，恩格斯从英国来到巴黎，拜访了马克思。这是一次历史性会见。从此他们开始了前无古人的伟大合作。1845 年 1 月，马克思被法国政府驱逐出境，2 月到了布鲁塞尔。他开始批判费尔巴哈唯物主义的局限性，写了《关于费尔巴哈的提纲》，这个提纲是“包含着新世界观的天才萌芽的第一个文件”。接着，他又同恩格斯合写了《德意志意识形态》。这部著作第一次系统地阐明了唯物主义历史观。唯物史观是恩格斯肯定的马克思的两个伟大发现之一。

马克思在为无产阶级制定科学世界观的同时，还为创建无产阶级政党而积极作思想准备和组织准备。1846 年初，他和恩格斯一起建立了布鲁塞尔共产主义通讯委员会，在工人中传播科学社会主义理论。而且他们还积极地参加同盟的改组工作。

1847 年 6 月召开的同盟第一次代表大会上，正义者同盟改名为共产主义者同盟。马克思担任了同盟的领导人，并受大会委托与恩格斯共同起草同盟的纲领。这就是 1848 年 2 月正式发表的科学共产主义的纲领性文件《共产党宣言》。

1848 年，资产阶级革命风暴席卷欧洲大陆。同年 6 月，马克思创办了《新莱茵报》。它是当时民主运动中唯一代表无产阶级观点的报纸。马克思通过报纸宣传无产阶级在民主革命中的纲领，指导德国人民同封建专制制度作斗争，揭露自由资产阶级的妥协和叛卖行为，还通过报纸同各国民主派建立了广泛联系，声援各国人民的革命斗争。

革命失败后，欧洲各国处于专制统治之下。统治者对工人运动严厉镇压，逮捕了许多共产主义者同盟的委员。马克思一家迁居到英国伦敦。

19 世纪 50 年代是马克思一生中最困难的时期。贫困的生活把他压得喘不过气来，他成年累月地在英国博物馆研读政治经济文献，埋头从事经济学研究。1862 年 3 月，他和恩格斯为《纽约每日论坛报》撰稿，写了 500 多篇文章。他们在这些文章中评述当时的国际重大政治事件，抨击各国反动政府的内外政策，声援各国人民的革命运动。他们还写了不少论述中国的文章，揭露英国对中国的殖民政策，谴责沙皇俄国对中国领土的侵占，支持中国人民的革命斗争。

马克思一方面关心、指导工人运动，另一方面又加紧了他的巨著《资本论》的写作。恩格斯也常把有关资料寄给马克思，并且不断提出自己的意见和建议。1867 年 4 月初，当恩格斯得悉《资本论》第一卷写成的消息以后，马上写信说："好啊！我终于看到白纸黑字，知道第一卷已经脱稿了！就禁不住发出了这样的欢呼声。"马克思把《资本论》第一卷的手稿交给出版商以后，曾到曼彻斯特恩格斯家中作客。两个人围绕下一步工作交换了意见，并且商定要在书的附录中做一点补充。恩格斯自然而然地成了这部巨著的第二位校阅者。1867 年，《资本论》第一卷出版了。它阐述了剩余价值学说，揭示了近代社会的经济法则，是无产阶级革命运动的强有力的武器。《资本论》的出版，对马克思主义的广泛传播，起了推动作用。

反动政府的迫害，贫困的物质生活，繁重的理论工作和紧张的战斗，严重损害了马克思的健康。他晚年常被病痛折磨。1883 年 3 月 14 日，马克思的一颗伟大的心停止了跳动。他安葬在伦敦的海格特公墓，和他的夫人燕妮葬在一起。

马克思的一生是伟大的一生。他和恩格斯共同创立的马克思主义学说，是指引全世界劳动人民为实现社会主义和共产主义伟大理想而进行斗争的理论武器和行动指南。马克思的名字永垂史册，他的学说将永放光芒。

恩格斯

恩格斯是德国社会主义理论家及作家、哲学家，马克思主义的创始人之一，马克思的亲密战友，国际无产阶级运动的领袖，世界无产阶级的伟大导师和领袖。1820 年 11 月 28 日，出生于普鲁士王国莱茵省巴门市。先祖是犹太人。父亲老弗里得里希是工厂主，虔诚的基督徒。母亲心地善良，遵守礼教，喜爱文学和历史。

1837 年，恩格斯被父亲命令从中学辍学，到营业所学习其厌恶的经商。1838 年 8 月，在父亲的安排下去不来梅当办事员。在这个自由和民主思潮澎湃的城市，成为一个民主主义者，并以弗·奥斯沃特为笔名写下许多激情诗篇。

1841 年 9 月，恩格斯到柏林服兵役，并在柏林大学听课，研究黑格尔哲学，参加青年黑格尔派的活动。这时，恩格斯在政治上和世界观上虽然是一个民主主义者和唯心主义者，但他在实际斗争中，逐步意识到黑格尔唯心主义哲学同德国现实之间的矛盾，再加上受费尔巴哈《基督教的本质》一书的影响，开始向唯物主义者转变。

1842 年深秋，恩格斯告别家人，来到英国曼彻斯特的欧门恩格斯纺织厂当总经理。曼彻斯特是英国宪章运动中心。在那里他开始真正深入工人阶级的生活。在这段时间，认识了担任《莱茵报》主编的马克思。1843 年冬天，恩格斯认识了爱尔兰工人姑娘玛丽·伯恩斯。不久后，两人开始同居。1844 年 8 月，恩格斯返回德国巴门老家，途中经过巴黎，和马克思见面。两人在一起生活了 10 天，倾心交谈，对一切重大问题的看法完全一致。这次会见为他们终生的战斗友谊和伟大合作奠定了基础。他们在政治风浪中团结战斗，在科学研究中相互切磋，在人生坎坷的道路上彼此激励，共同奋战了40个春秋。他们各自都为自己有志同道合的战友而自豪。恩格斯说："马克思是和我相交40年的最好的、最亲密的朋友，他给我的教益是无法用语言表达的。"马克思说："我们之间存在的友谊是何等的珍贵！"恩格斯为了使马克思有可能从事革命活动和理论研究，心甘情愿作出牺牲，从事自己最不愿干的"该死的生意"，用挣来的钱负担马克思一家的生活。

1846年8月，恩格斯和马克思共同完成了《德意志意识形态》。1847年6月，恩格斯起草了《共产主义信条草案》，后来进一步完善成《共产主义原理》。在第二次代表大会以此为基础，恩格斯与马克思合作拟定《共产党宣言》。1848年4月，和马克思一起创办了《新莱茵报》。

1870年10月，恩格斯移居伦敦与马克思再度相聚。1878年，《反杜林论》这部马克思主义百科全书式的著作问世。恩格斯除了是一个文学斗士、哲学家、军事家以外，还是一个强大的战士，几次大革命的成果保卫战上都能看到他的身影。在柏林做志愿兵的一年，培养了他无畏的勇气和军事才干。以致革命失败多年后，曾与他并肩作战的人们对他表现出来的"非凡的镇静和漠视一切危险的气魄"记忆犹新。恩格斯除了从事繁重的理论工作以外，也十分重视和关心国际共产主义的革命实践活动。他和马克思一起领导了第一国际。

1883年3月马克思逝世，恩格斯担负了整理和出版马克思文献遗稿工作。1885年和1894年先后出版《资本论》第二卷和第三卷，完成了马克思未竟之业。1884年，恩格斯出版《家庭、私有制和国家的起源》一书，论述原始社会产生、发展和衰落的过程，揭示在私有制基础上形成的阶级对抗和作为阶级统治工具的国家的起源和实质，指明私有制、阶级、国家消亡和社会主义胜利的必然性，批判资产阶级学者、拉萨尔主义者以及无政府主义者关于国家问题的谬论。

1886 年，他出版《路德维希·费尔巴哈和德国古典哲学的终结》一书，系统地批判了黑格尔的唯心主义和 L.A. 费尔巴哈的唯物主义的局限性及唯心史观，精辟地论述了哲学的基本问题和唯物史观的基本原理。

和马克思相比，恩格斯更倾向于务实地为工人阶级实现权益。1883 年，马克思逝世后，恩格斯继续领导国际工人运动达 12 年之久，并于 1889 年成立第二国际。

1895 年 8 月 5 日，恩格斯因患癌症逝世。

笛卡尔

笛卡尔，法国数学家、科学家和哲学家，西方近代资产阶级哲学奠基人之一。他的哲学与数学思想对历史的影响深远。他出生于法国，父亲是法国一个地方法院的评议员，相当于现在的律师和法官。一岁时母亲去世，给笛卡尔留下了一笔遗产，为日后他从事自己喜爱的工作提供了可靠的经济保障。

笛卡尔 1612 年到普瓦捷大学攻读法学，4 年后获博士学位。1616 年笛卡尔结束学业后，便背离家庭的职业传统，开始探索人生之路。他投笔从戎，想借机游历欧洲，开阔眼界。这期间有几次经历对他产生了重大的影响。一次，笛卡尔在街上散步，偶然间看到一张数学题悬赏的启事。两天后，笛卡尔竟然把那个问题解答出来了，引起了著名学者伊萨克·皮克曼的注意。皮克曼向笛卡尔介绍了数学的最新发展，给了他许多有待研究的问题。与皮克曼的交往，使笛卡尔对自己的数学和科学能力有了较充分的认识，他开始认真探寻是否存在一种类似于数学的、具有普遍使用性的方法，以期获取真正的知识。

长期的军旅生活使笛卡尔感到疲惫，他于1621年回国，时值法国内乱，于是他去荷兰、瑞士、意大利等地旅行。1625年返回巴黎。1628年，他从巴黎移居荷兰，开始了长达20年的潜心研究和写作生涯，先后发表了许多在数学和哲学上有重大影响的论著。在荷兰长达20年的时间里，他集中精力做了大量的研究工作，在1634年写了《论世界》，书中总结了他在哲学、数学和许多自然科学问题上的看法。1641年出版了《行而上学的沉思》，1644年又出版了《哲学原理》等。他的著作在生前就遭到教会指责，死后又被梵蒂冈教皇列为禁书，但这并没有阻止他的思想的传播。

笛卡尔不仅在哲学领域里开辟了一条新的道路，同时他又是勇于探索的科学家，在物理学、生理学等领域都有值得称道的创见，特别是在数学上他创立了解析几何，从而打开了近代数学的大门，在科学史上具有划时代的意义。

笛卡尔的主要数学成果集中在他的《几何学》中。1637年，笛卡尔发表了《几何学》，创立了平面直角坐标系。他用平面上的一点到两条固定直线的距离来确定点的位置，用坐标来描述空间上的点。他进而又创立了解析几何学，表明了几何问题不仅可以归结成为代数形式，而且可以通过代数变换来发现几何性质，证明几何性质。解析几何的出现，改变了自古希腊以来代数和几何分离的趋向，把相互对立着的“数”与“形”统一了起来，使几何曲线与代数方程相结合。笛卡尔的这一天才创见，为微积分的创立奠定了基础，从而开拓了变量数学的广阔领域。最为可贵的是，笛卡尔用运动的观点，把曲线看成点的运动的轨迹，不仅建立了点与实数的对应关系，而且把“形”（包括点、线、面）和“数”两个对立的对象统一起来，建立了曲线和方程的对应关系。这种对应关系的建立，不仅标志着函数概念的萌芽，而且标明变数进入了数学，使数学在思想方法上发生了伟大的转折——由常量数学进入变量数学的时期。正如恩格斯所说：“数学中的转折点是笛卡尔的变数。有了变数，运动进入了数学，有了变数，辩证法进入了数学，有了变数，微分和积分也就立刻成为必要了。”笛卡尔的这些成就，为后来牛顿、莱布尼兹发现微积分，为一大批数学家的新发现开辟了道路。

笛卡尔是欧洲近代哲学的奠基人之一，黑格尔称他为“现代哲学之父”。同时，他又是一位勇于探索的科学家，他所建立的解析几何在数学史上具有划时代的意义。他堪称17世纪的欧洲哲学界和科学界最有影响的巨匠之一，被誉为“近代科学的始祖”。笛卡尔在其他的科学领域还有不少值得称道的创见。他发展了宇宙演化论，创立了旋涡说。他认为太阳的周围有巨大的漩涡，带动着行星不断运转。物质的质点处于统一的漩涡之中，在运动中分化出土、空气和火三种元素，土形成行星，火则形成太阳和恒星。笛卡尔的这一太阳起源的旋涡说，比康德的星云说早一个世纪，是17世纪最有权威的宇宙论。他还提出了刺激反应说，为生理学作出一定的贡献。

亚当·斯密

亚当·斯密是经济学的主要创立者，因其著作《国富论》被称为经济学鼻祖。1723年，亚当·斯密出生在苏格兰法夫郡的寇克卡迪。亚当·斯密的父亲也叫亚当·斯密，是律师、也是苏格兰的军法官和寇克卡迪的海关监督，在亚当·斯密出生前几个月去世。母亲玛格丽特是法夫郡斯特拉森德利大地主约翰·道格拉斯的女儿，亚当·斯密一生与母亲相依为命，终身未娶。

1723年至1740年间，亚当·斯密在家乡苏格兰求学。在格拉斯哥大学期间，亚当·斯密完成了拉丁语、希腊语、数学和伦理学等课程；1740年至1746年间，亚当·斯密赴牛津大学求学，但在牛津并未获得良好的教育，唯一的收获是大量阅读了许多格拉斯哥大学所没有的书籍。

1750年后，亚当·斯密在格拉斯哥大学不仅担任过逻辑学和道德哲学教授，还肩负着学校行政事务，一直到1764年离开为止。这一时期，亚当·斯密于1759年出版的《道德情操论》在学术界获得极高评价。而后于1768年着手著述《国民财富的性质和原因的研究》(简称《国富论》)。1773年，《国富论》已基本完成，但亚当·斯密多花3年时间润饰此书，1776年3月此书出版后引起大众广泛的讨论，影响所及除了英国本地，欧洲大陆和美洲也为之疯狂，因此世人尊称亚当·斯密为“现代经济学之父”和“自由企业的守护神”。

亚当·斯密并不是经济学说的最早开拓者，他最著名的思想中有许多也并非新颖独特，但是他首次提出了全面系统的经济学说，为该领域的发展打下了良好的基础。因此完全可以说《国富论》是现代政治经济学研究的起点。

18世纪结束以前，《国富论》就已出了九个英文版本。人们以“一鸣惊人”来形容《国富论》的出版，并一致公认亚当·斯密是一门新学科——政治经济学的创始者。亚当·斯密因此而声名显赫，被誉为“知识渊博的苏格兰才子”。

1778年至1790年间，亚当·斯密与母亲和阿姨在爱丁堡定居，1787

年被选为格拉斯哥大学荣誉校长，也被任命为苏格兰的海关和盐税专员。1784 年亚当 · 斯密出席格拉斯哥大学校长任命仪式，因亚当 · 斯密之母于 1784 年 5 月去世，所以迟迟没有上任；直到 1787 年才担任校长职位至 1789 年。亚当 · 斯密在去世前将自己的手稿全数销毁，于 1790 年 7 月 17 日与世长辞，享年 67 岁。

斯宾诺莎

斯宾诺莎出生于阿姆斯特丹的一个从西班牙逃往荷兰的犹太商人家庭。他的父母亲以经营进出口贸易为生，生活颇为宽裕，斯宾诺莎也因此得以进入当地的犹太神学校，学习希伯来文、犹太法典以及中世纪的犹太哲学等。他也接受了拉丁语的训练，而正是凭借着拉丁语，斯宾诺莎得以接触笛卡尔等人的著作。

1656 年斯宾诺莎因反对犹太教教义而被开除教籍，他最后搬出犹太人居住区，以磨镜片为生，同时进行哲学思考。1670 年移居海牙，斯宾诺莎此后一直过着隐居的生活。1673 年有人提供他在海德堡大学哲学系任教授之职，条件是必须不对国家的法定宗教提出任何质疑，被斯宾诺莎断然拒绝。由于长时间的饮食不规律，营养不良，他的健康状况逐年恶化。1677 年，与世长辞。

斯宾诺莎与笛卡尔一样，在方法论上坚持唯理论，推崇几何学方法。他的主要著作《笛卡尔哲学原理》和《伦理学》都是采用写作几何书籍的方式写的。他认为只有像几何学那样，凭理性的能力从最初几个“不证自明的定义和公理推论出来的知识才是可靠的知识”。他坚信：“凡是由心灵中本身正确的观念推演出来的观念也是正确的。”因此，他主张，以真观念为基础，运用几何学的方法就可推演出其他科学知识。不过，斯宾诺莎从唯物主义的角度发展了笛卡尔的几何学方法。首先，他认为："现实的理智，无论它是有限的或无限的，应当只理解神的属性与神的特殊状态，不能理解别的东西。”在斯宾诺莎看来，认识的对象是客观存在着的自然界，认识的根本任务，就是要研究能够“指导人达到对事物的真知识的途径”。

其次，他明确肯定："观念的次序和联系与事物的次序和联系是相同的。”他认为自然事物、自然规律是可以认识的，人们能够获得关于自然的真理性的认识。他说："人们有认识许多事物的能力，如果它的身体能够适应的方面愈多，则这种能力将随之愈大。”最后，他承认："真观念必定符合它的对象。”

在斯宾诺莎逝世后的一个时期内，他的著作继续受到不同宗教派别的谴责，而没有受到哲学家和进步思想家的重视。到 17 世纪末，法国的 P. 贝勒在著名的《历史批判辞典》中，肯定斯宾诺莎的哲学是一个无神论体系。此后，斯宾诺莎的哲学逐渐受到重视。他的无神论影响了 18 世纪法国的战斗无神论者。与此同时，他的唯物主义也为法国的唯物主义者所继承，尽管他们对它有所保留。

D. 狄德罗在《百科全书》第 15 卷中，曾经称法国的唯物主义为“新的斯宾诺莎主义”。

在德国 18 世纪末至 19 世纪初的启蒙运动中，斯宾诺莎的哲学经过 G.E. 莱辛（1729—1781 年）、J.G. 赫尔德（1744—1803 年）、J.W. 歌德等人的努力宣扬，才为人所重视，他的泛神论也深深地影响了德国的启蒙思想家。赫尔德曾公开宣称自己是斯宾诺莎主义者。斯宾诺莎的哲学也给德国古典哲学以很大的启发。J.G. 费希特和 F.W.J. 谢林都把它视为自己哲学的出发点。他的实体是 G.W.F. 黑格尔哲学体系中的一个重要因素。L. 费尔巴哈曾称“斯宾诺莎是现代无神论者和唯物主义者的摩西”。

马克思十分重视斯宾诺莎的唯物主义哲学，把他坚持从世界本身说明世界称为近代哲学的最高荣誉，并把他视为 17 世纪辩证法的卓越代表之一。

蒙田

蒙田是启蒙运动以前法国的一位知识权威和批评家，是一位人类感情的冷峻的观察家，亦是对各民族文化，特别是西方文化进行冷静研究的学者。从他的思想和感情来看，人们似乎可以把他看成在他那个时代出现的一位现代人。他的散文主要是哲学随笔，因其丰富的思想内涵而闻名于世，被誉为“思想的宝库”。

蒙田的母亲是西班牙人的后裔，父亲则是法国波尔多附近的一个小贵族，蒙田在 37 岁那年即继承了其父在乡下的领地，一头扎进那座圆塔三楼上的藏书室，过起隐居生活。蒙田把自己的退隐看做是暮年的开始，是从所谓“死得其所之艺术”的哲理中得到启示的。其实他退隐的真正原因是逃避社会，他赞美自由、静谧与闲暇，向往优游恬适的生活，不过他的隐居生活不是消极的，而是积极的，他除了埋头做学问而外，还积极从事写作。

在长达 20 年的隐居岁月中，蒙田以对人生的特殊敏锐力，记录了自己在智力和精神上的发展历程，陆续写出了鸿篇巨制《蒙田随笔全集》，为后代留下了极其宝贵的精神财富。

蒙田的名声在 17 世纪已远播海外，在英国，培根的《散文集》就深受蒙田的影响。在17世纪上半叶的古典主义时代，有人认为他那结构松散的散文不合人们的口味，然而到了18世纪，他又声名鹊起，著名作家、哲学家狄德罗欣赏蒙田的散文恰恰在于所谓的“无条理”，认为“这是自然的表现”。有些作家、思想家和艺术家的思想似乎特别复杂，具有许多不同的层面，因此对于后代的各式各样的人都具有无穷无尽的引力，大概这就是包括蒙田在内的古代大师的秘密。经过四百余年的考验，历史证明了蒙田与莎士比亚、苏格拉底、米开朗琪罗一样是一位不朽的人物，他的随笔如他自己所说的那样，是“世上同类体裁中绝无仅有的”。

孟德斯鸠

1689年1月18日，孟德斯鸠在法国波尔多附近的拉布雷特庄园诞生。孟德斯鸠自幼受过良好教育。1714年开始担任波尔多法院顾问。1716年，继承了波尔多法院院长（他的祖父、伯父一直占有这个职务）职务，并获得男爵封号。

孟德斯鸠博学多才，对法学、史学、哲学和自然科学都有很深的造诣，曾经撰写过许多与此有关的论文。1721年孟德斯鸠化名“波尔·马多”发表了名著《波斯人信札》。这部书通过两个波斯人漫游法国的故事，揭露和抨击了封建社会的罪恶，用讽刺的笔调，勾画出法国上流社会中形形色色人物的嘴脸，如荒淫无耻的教士、夸夸其谈的沙龙绅士、傲慢无知的名门权贵、在政治舞台上穿针引线的荡妇等。书中还表达了对路易十四的憎恨，说法国比东方更专制。这部书受到普遍欢迎。

1726年，他出卖了世袭的波尔多法院院长职务，迁居巴黎，专心于写作和研究。漫游了欧洲许多国家，特别是在英国呆了两年多，考察了英国的政治制度，认真学习了早期启蒙思想家的著作，还当选为英国皇家学会会员。1731 年回到法国后，潜心著述。1734 年发表《罗马盛衰原因论》，利用古罗马的历史资料来阐明自己的政治主张。1748 年，他最重要的也是影响最大的著作《论法的精神》发表。这是一部综合性的政治学著作。这部书受到极大的欢迎，两年中就印发了 22 版。

孟德斯鸠反对神学，提倡科学，但又不是一个无神论者和唯物主义者，他是一名自然神论者。他最重要的贡献是对资产阶级的国家和法的学说作出了卓越贡献，他在洛克分权思想的基础上明确提出了“三权分立”学说；他特别强调法的功能，他认为法律是理性的体现，法又分为自然法和人为法两类，自然法是人类社会建立以前就存在的规律，那时候人类处于平等状态；人为法又有政治法和民法等。孟德斯鸠提倡资产阶级的自由和平等，但同时又强调自由的实现要受法律的制约，政治自由并不是愿意做什么就做什么。他说“自由是做法律所许可的一切事情的权利；如果一个公民能够做法律所禁止的事情，他就不再有自由了。因为其他的人也同样会有这个权利”。其中还提出了“地理环境决定论”，认为气候对一个民族的性格、感情、道德、风俗等会产生巨大影响，认为土壤同居民性格之间，尤其同民族的政治制度之间有非常密切的联系，认为国家疆域的大小同国家政治制度有极密切的联系。

1755 年 1 月，孟德斯鸠在旅途中感染热病，同年 2 月逝世。临终前，他承认上帝伟大，人是渺小的。埋葬时，哲学家中有狄德罗在场，这使他享受了死后的荣光。他宣传了启蒙思想，为激发法国大革命作出了重要贡献。

黑格尔

黑格尔1770年出生于一个政府公务员家庭。1788年进入杜宾根神学院学习。1793年毕业后，先后在伯尔尼和法兰克福当了7年的家庭教师。1800年到耶拿，与谢林共同创办《哲学评论》杂志。次年成为耶拿大学编外讲师，4年之后成为副教授。1807年出版他的第一部著作《精神现象学》。

1808年至1816年，他在纽伦堡当了8年的中学校长。在此期间完成了《逻辑学》（简称大逻辑）。1816年，他被聘为海德堡大学教授。1817年，出版《哲学全书》（其中的逻辑学部分简称小逻辑），完成了他的哲学体系。1818年开始担任柏林大学教授，1821年出版《法哲学原理》。

1829年，黑格尔被任命为柏林大学校长和政府代表，创立欧洲哲学史上最庞大的客观唯心主义体系，并极大地发展了辩证法。他的哲学的基本出发点是唯心主义的思维与存在同一论（亦称“思有同一说”），精神运动的辩证法以及发展过程的正反合三段式。认为思维和存在统一于绝对精神，绝对精神是一个独立主体，是万事万物的本原与基础，它的辩证发展经历了逻辑、自然、精神三个阶段。他的哲学是对三个阶段的描述，因而相应地由逻辑学、自然哲学和精神哲学三个部分组成。

逻辑学是“研究观念（理念）自在自为的科学”，将质量互变、对立统一、否定之否定当做思维的规律加以阐明，在概念的辩证法中，他猜测到了客观事物本身的辩证法。自然哲学是“研究观念他在或外在化的科学”，他以幻想代替事实，发表了一些错误理论，但他也提出了合理的思想。精神哲学是“研究观念由他在回复到自身的科学”。他提出了社会政治、伦理、历史、美学等方面的观点和主张，并试图找出贯穿在历史各方面的发展线索。在美学上，提出“美就是理念的感性显现”；强调艺术与人生重大问题的密切联系以及理性的内容对艺术的重要意义。黑格尔哲学是马克思主义哲学的来源之一。

1831 年，黑格尔死于霍乱。他在柏林大学期间的讲稿被后人整理为《哲学史讲演录》《美学讲演录》和《宗教哲学讲演录》。

叔本华

阿图尔·叔本华，德国哲学家。他继承了康德关于现象和物自体之间的区分。不同于他同代的费希特、谢林、黑格尔等取消物自体的做法，他坚持物自体，并认为它可以通过直观而被认识，将其确定为意志。

叔本华是唯意志论哲学的创始人，黑格尔绝对唯心主义的反对者，新的“生命”哲学的先驱者。他抛弃了德国古典哲学的思辨传统，力图从非理性方面来寻求新的出路。他对人间的苦难甚为敏感，认为哲学回答的是世界和人类的本质、本原问题，而真正的本质、本原应当从人的内心深处去寻找，这就是人的意志或下意识的生命本能的冲动，或生存（生活）意志。在叔本华看来，人生就是一种痛苦，一个人所感受的痛苦与他的生存意志的深度成正比。生存意志越强，人就越痛苦。要摆脱痛苦的途径只有一条，就是抛弃欲求，否定生存意志。他认为一个人可以通过艺术创造和欣赏来暂时解脱痛苦，但最根本的解脱办法是，进入佛教的空、无的境界。

尼采

弗里德里希·威廉·尼采，德国著名哲学家，唯意志论的主要代表人物。他是西方现代哲学的开创者，同时也是卓越的诗人和散文家。

尼采出生在德国的一个牧师家庭，从小受到传统的宗教教育。他自幼体弱多病，性情孤僻，但在智力上聪颖过人。童年时代的尼采是一个循规蹈矩的孩子，在读《圣经》时，往往会感动得流出眼泪。然而尼采后来却成为西方社会秩序的破坏者。尼采5岁时父亲去世，母亲将他和妹妹抚养长大。他自幼就以自己是贵族的后裔而感到自豪。1864年，他进入波恩大学学习神学和古典语言学，一年后转入莱比锡大学，主攻语言学，同时对文艺和哲学感兴趣。在那里，他接触到了叔本华的《作为意志和表象的世界》，并深受感动，认为在这个时代深感痛苦的人，一定要懂得叔本华。从此他接受了叔本华的意志主义哲学。

1869年，尼采24岁，学业优良的他尚未毕业，就被聘为瑞士巴塞尔大学的古典语言学教授。但尼采并未在语言学道路上走多远就转向了哲学思考。1879年，他因病无法教学而辞职。以后的10年，他辗转意大利、法国、瑞士各国，求医治病，直至1900年逝世。

尼采是最早对西方现代社会进行批判的，但是他的学说在他生前并没有引起人们的重视。直到20世纪，他的哲学思想才受到重视。后来的生命哲学、存在主义、弗洛伊德主义、后现代主义，都以各自的形式回应了尼采的哲学思想。

海德格尔

马丁·海德格尔，德国哲学家，在现象学、存在主义、解构主义、诠释学、后现代主义、政治理论、心理学以及神学等领域均有举足轻重的影响。

海德格尔生于德国巴登邦的梅斯基尔希小镇。1909 年，进入弗莱堡大学攻读神学，后转向哲学。1913 年，完成博士论文，并于 1915 年在母校取得了哲学讲师职位。1923 年，被聘为马堡大学哲学副教授。1928 年，接替胡塞尔任弗莱堡大学哲学讲座教授。

海德格尔对当时兴起的国家社会主义表示附和乃至吹捧，并参加了纳粹党。1933 年 4 月至 1934 年 2 月，任弗莱堡大学校长，曾带领全体教职人员向希特勒宣誓效忠。1957 年，海德格尔退休，过起隐居生活。晚年对东方哲学发生浓厚兴趣。与纳粹运动的政治牵连是海德格尔生命中的一大污点，他本人对此并没有多少反省。在 1966 年 9 月 23 日与德国《明镜》周刊记者的谈话中，他为自己的行为做了申辩。尽管海德格尔与纳粹运动的联系在西方理论界和新闻界多次成为热门话题，但是人们仍无法确证他的哲学思想和他的政治行为之间是否有着内在的必然联系。海德格尔一生著述甚丰，代表作有：《存在与时间》《什么是形而上学》《论真理的本质》《论人道主义》《形而上学导论》等。

萨特

让·保罗·萨特，出生于法国巴黎，作家、哲学家、社会活动家，是法国战后存在主义哲学思想的代表人物。

萨特 1929 年毕业于被称为“哲学家摇篮”的巴黎师范学院。第二次世界大战爆发以后，他于 1938 年应征入伍，1940 年被俘，在德国的战俘营里研读了海德格尔的著作。1941 年发表代表作《存在与虚无》，受到人们的欢迎，被称作“反对投敌的哲学宣言”。1945 年创办了著名的《现代》杂志。在 1946 年发表的《存在主义是一种人道主义》一文中，他更具体地阐述了存在主义的现实社会意义。战后他思想左转，信奉马克思主义，但不参加共产党，只做共产党的同路人。1960 年发表《辩证理性批判》。此外，他还写了大量剧本和小说。1964 年他拒领诺贝尔文学奖，理由是“不接受官方的任何荣誉”和“不愿意被改造成体制中人”。

萨特反对苏联式的社会主义，但支持中国的社会主义，他于 1959 年访华，在《人民日报》发表文章，赞扬中国的“我为人人，人人为我”的精神是一种“深刻的人道主义”；他还多次在法国发表文章，赞扬中国的“文化大革命”。在 1968 年的“五月风暴”中，他支持学生运动。萨特与他的同学、著名的女哲学家西蒙娜·德·波伏娃是终生情侣，但没有结婚，他生活简朴，独自居住在巴黎拉丁区，常在咖啡馆与人聊天。他逝世时，巴黎五万群众为他举行了隆重的葬礼，缅怀这位象征时代精神的哲学家。

萨特主要哲学著作有《想象》、《存在与虚无》、《存在主义是一种人道主义》、《辩证理性批判》和《方法论若干问题》。这些著作已成为 20 世纪西方哲学思想发展变化的重要资料。

波伏娃

波伏娃全名是西蒙娜·德·波伏娃，法国著名存在主义作家，女权运动的创始人之一，让·保罗·萨特的终身伴侣。出生于巴黎，毕业于巴黎高等师范学院，1929 年通过考试，和萨特同时获得哲学教师资格，并从此成为萨特的终身伴侣。

波伏娃出身于比较守旧的富裕家庭，但她自幼就拒绝父母对她事业和婚姻的安排，具有很强的独立性。她和萨特相识后，两人对书本有共同的爱好，有共同的志向，成为共同生活的伴侣，但终生没有履行结婚手续，并互相尊重对方与其他人的性关系。两人建立在互相尊重、有共同信仰基础上的爱情非常强烈。萨特去世后，波伏娃写了《永别的仪式》，是对和萨特共同生活的最后日子的痛苦回忆，流露出强烈的思念之情。

波伏娃最重要的作品是她的《第二性》。这部作品被认为是女权运动的《圣经》。除了天生的生理性别，女性的所有“女性”特征都是社会造成的，男性亦然。这是她这本书的最重要的观点。她在书中提出女人因为体力较差，当生活需要体力时，女人自觉是弱者，对自由感觉恐惧。男人用法律形式把女人的低等地位固定下来，而女人还甘心服从。她不同意恩格斯所说的从母系氏族社会向父系氏族社会的过渡是男人重新获取权力，认为历史上女人从没有得到过权力，即使是在母系氏族社会。她认为妇女真正的解放必须获得自由选择生育的权力，并向中性化过渡。她这本书的英文译本在美国十分畅销，对20世纪60年代以来的女权运动起了很大的推动作用。

波伏娃去世后，与萨特合葬在巴黎蒙帕纳斯公墓。

罗素

罗素，全名伯特兰·亚瑟·威廉·罗素，英国哲学家、数学家、逻辑学家。从英国剑桥大学三一学院毕业后留校任教。1920年曾来中国讲学。1938年至1944年在美国芝加哥大学、加利福尼亚大学讲学。1950年获诺贝尔文学奖。

在哲学上，早期为新实在论者，20世纪初提出逻辑原子主义和中元一元论学说。在数学上，从事过数理逻辑和数学基础的研究。以他命名的“罗素悖论”曾对20世纪的数学基础发生过重大影响，其与怀特海的巨著《数学原理》中提出的逻辑类型论，成功地解决了包括罗素悖论在内的不少悖论，并且成为人类数学和数理逻辑历史上里程碑式的著作，正是这本巨著使罗素获得了崇高的声誉。

在教育上，罗素主张自由教育，认为教育的基本目的应该是培养“活力、勇气、敏感、智慧”四种品质。在政治上，反对侵略战争，倡导和平主义。

重要著作有《哲学原理》《哲学问题》《心的分析》《物的分析》《西方哲学史》《论教育》等。

维特根斯坦

路德维希·维特根斯坦，出生于奥地利的一个犹太工业家庭，父亲为了把他培养成工程师，让他来到英国学习航空工程。在学习数学的过程中，他想到数学基础的问题，读了罗素《数学的原理》一书，激起了学习逻辑和哲学的兴趣。他于1911年到剑桥，拜罗素为师开始学习逻辑，罗素非常欣赏这位学生的才能，把他视为最理想的接班人，预言哲学下一步的重大发展将由维特根斯坦完成。

第一次世界大战爆发之后，维特根斯坦自愿参加奥地利军队，担任炮兵中尉，战争后期被俘。在战俘营里，他总结长期酝酿的思想，完成了《逻辑哲学论》。他把书稿寄给罗素，罗素此时因为反战被关在监狱中，也完成了一部书（《数学逻辑导论》）的写作。两位朋友在战后重逢，但终因意见不合而分手。

在罗素的推荐下，《逻辑哲学论》于1919年出版，次年出版英译本，立即在哲学界引起轰动。维特根斯坦以为他已经解决了一切哲学问题，于是退隐山林去当小学教师。

维特根斯坦于1928年重返剑桥，并于1936年接替穆尔成为哲学教授。经过长期思考，他放弃了《逻辑哲学论》中以逻辑规则为意义标准的思想，转而采用日常语义规则为意义的标准。他后期的主要著作为《哲学研究》，他在写作、思考过程中写了大量的笔记，被辑录在《哲学评论》《哲学语法》《蓝皮书和褐皮书》《关于数学基础的议论》《关于心理哲学的议论》《片断》等书中。

第五篇

永恒的哲学经典

第一章
中国哲学经典

《道德经》

《道德经》又被称《老子》《道德真经》《五千言》《老子五千文》等，传说是春秋时期的老子李耳（似是作者、注释者、传抄者的集合体）所撰写，是道家哲学思想的开山之作。

《道德经》分上下两篇，原文上篇《德经》、下篇《道经》，不分章，后改为《道经》在前，《德经》在后，并分为81章，是中国历史上首部完整的哲学著作。现在可以看到的最初版本，是1993年湖北荆门郭店楚墓出土的竹简《老子》。1973年长沙马王堆3号汉墓出土的甲乙两种帛书《老子》，是西汉初年的版本。

《道德经》以阐释“道”“德”为主旨，后来的学者和各类学说，无不从中获得启迪。这本书不仅影响了后来的魏晋玄学，而且，后来的兵家、法家，也无不从中汲取养料。这部被誉为“万经之王”的神奇宝典，对中国古老的哲学、科学、政治、宗教等，都产生了深刻的影响，无论对中华民族的性格的铸成，还是对政治的统一与稳定，它都起着不可估量的作用。

《庄子》

庄子及其后学的著作总集。《汉书·艺文志》著录52篇。现仅存郭象编辑注释的33篇。

关于《庄子》内、外、杂篇的异同，各篇的真伪、年代，争论已久。中国学术界通行的看法是：内篇为庄子所著，外、杂篇可能掺杂了庄子门人和后学以及道家其他派别的作品。内篇的《齐物论》《逍遥游》和《大宗师》集中反映了庄子的哲学思想。《齐物论》以齐是非、齐彼此、齐物我、齐寿夭为主要内容。《逍遥游》旨在倡导一种精神上的超现实境界。《大宗师》则以论道和论修道为主要内容。外篇《秋水》篇亦被认为最能体现庄子思想，该篇认为万物都是相对的，因而主张一切任其自然，反对人为。杂篇中的《寓言》和《天下》两篇也很重要。前者旨在说明《庄子》表达"道"的手法；后者则阐述了先秦各学派的中心思想及其活动情况，并列举了重要的代表人物，堪称中国历史上第一篇哲学史论文。

《庄子》在魏晋时期与《周易》《老子》并称为三玄。到唐代正式成为道教经典之一，被称为《南华真经》。《庄子》在中国文学史上也占有重要地位。《庄子·天下》篇还保留了当时诸子学说的许多材料。《庄子》注本历来极多，今通行的主要有晋郭象《庄子注》、清末王先谦《庄子集解》、郭庆藩《庄子集释》等。

《论语》

《论语》是儒家学派的经典著作之一，由孔子的弟子及其再传弟子编撰而成。它以语录体和对话文体为主，记录了孔子及其弟子言行，集中体现了孔子的政治主张、论理思想、道德观念及教育原则等。与《大学》《中庸》《孟子》《诗经》《尚书》《礼记》《易经》《春秋》并称“四书五经”。通行本《论语》共20篇。

《孟子》

《孟子》是孟子及其弟子记录孟子的治国思想和政治策略的儒家经典。

孟子继承和发展了孔子的德治思想，发展为仁政学说，成为其政治思想的核心。他把“亲亲”“长长”的原则运用于政治，以缓和阶级矛盾，维护封建统治阶级的长远利益。孟子一方面严格区分了统治者与被统治者的阶级地位，认为“劳心者治人，劳力者治于人”，并且模仿周制拟定了一套从天子到庶人的等级制度；另一方面，又把统治者和被统治者的关系比做父母与子女的关系，主张统治者应该像父母一样关心人民的疾苦，人民应该像对待父母一样去亲近、服侍统治者。

孟子认为，这是一种最理想的政治，如果统治者实行仁政，可以得到人民的衷心拥护；反之，如果不顾人民死活，推行虐政，将会失去民心而变成独夫民贼，被人民推翻。仁政的具体内容很广泛，包括经济、政治、教育以及统一天下的途径等，其中贯穿着一条民本思想的线索。这种思想是从春秋时期重民轻神的思想发展而来的。

孟子根据战国时期的经验，总结各国治乱兴亡的规律，提出了一个富有民主性精华的著名命题："民为贵，社稷次之，君为轻。"认为如何对待人民这一问题，对于国家的治乱兴亡，具有极端的重要性。孟子十分重视民心的向背，通过大量历史事例反复阐述这是关乎得天下与失天下的关键问题。孟子说："夫仁政，必自经界始。"所谓"经界"，就是划分整理田界，实行井田制。孟子所设想的井田制，是一种封建性的自然经济，以一家一户的小农为基础，采取劳役地租的剥削形式。每家农户有五亩之宅，百亩之田，吃穿自给自足。孟子认为，"民之为道也，有恒产者有恒心，无恒产者无恒心"，只有使人民拥有"恒产"，固定在土地上，安居乐业，他们才不去触犯刑律，为非作歹。孟子认为，人民的物质生活有了保障，统治者再兴办学校，用孝悌的道理进行教化，引导他们向善，这就可以造成一种"亲亲""长长"的良好道德风尚，即"人人亲其亲、长其长，而天下平"。孟子认为统治者实行仁政，可以得到天下人民的衷心拥护，这样便可以无敌于天下。孟子所说的仁政要建立在统治者的"不忍人之心"的基础上。孟子说："先王有不忍人之心，斯有不忍人之政矣。""不忍人之心"是一种同情仁爱之心。但是，这种同情仁爱之心不同于墨子的"兼爱"，而是从血缘的感情出发的。孟子主张，"亲亲而仁民"，"老吾老以及人之老，幼吾幼以及人之幼"。仁政就是这种不忍人之心在政治上的体现。

孟子把伦理和政治紧密结合起来，强调道德修养是搞好政治的根本。他说："天下之本在国，国之本在家，家之本在身。"后来《大学》提出的"修齐治平"就是根据孟子的这种思想发展而来的。

《周易》

《周易》又名《易经》，由“经”“传”组成，它被称为最能体现中国文化的经典，它主张世界万物是发展变化的，其变化的基本要素是阴和阳，《周易·系辞》中说：“一阴一阳之谓道。”世界上千姿百态的万物和万物的千变万化都是阴阳相互作用的结果。《周易》研究的对象是天、地、人三才，而以人为根本。三才又各具阴阳，所以《周易》六爻而成六十四卦。

正如《说卦》：“立天之道曰阴与阳，立地之道曰柔与刚，立人之道曰仁与义。兼三才而两之，故《易》六画而成卦。分阴分阳，迭用刚柔，故《易》六位而成章。”乾为纯阳之卦，坤为纯阴之卦，乾坤是阴阳的总代表，也是阴阳的根本，孔子在《系辞》中说“乾坤其易之门邪”，“乾坤其易之蕴邪”。《易纬·乾凿度》中说：“乾坤者，阴阳之根本，万物之祖宗也。”通行本《周易》本经排序以《序卦》的次序为基础，而以乾、坤两卦为首。《系辞》开篇即云：“天尊地卑，乾坤定矣。卑高以陈，贵贱位矣。动静有常，刚柔断矣。”《文言》是专门论述乾坤之卦德的传文，并将乾坤之德性引申发挥至人文道德范畴。说明乾、坤是《周易》中最重要的两卦，也是《周易》阴阳哲学的基础。

《尚书》

《尚书》又称《书》《书经》，是一部多体裁文献汇编，是中国现存最早的史书。分为《虞书》《夏书》《商书》《周书》。战国时期总称《书》，汉代改称《尚书》，即“上古之书”。因是儒家五经之一，又称《书经》。现存版本中真伪参半。一般认为《今文尚书》中《周书》的《牧誓》到《吕刑》十六篇是西周真实史料，《文侯之命》《费誓》和《秦誓》为春秋史料，所述内容较早的《尧典》《皋陶谟》《禹贡》反而是战国编写的古史资料。今本《古文尚书》总体认为是晋代梅赜伪造，但也存在争议。

《尚书》主要记录虞夏商周各代部分帝王的言行。它最引人注目的思想倾向，是以天命观念解释历史兴亡，以为现实提供借鉴。这种天命观念具有理性的内核：一是敬德，二是重民。《尚书》的文字诘屈艰深，晦涩难懂。但它标志着史官记事散文的进步：第一，有些篇章注重人物的声气口吻；第二，有些篇章注重语言的形象化以及语言表达的意趣；第三，有些篇章注重对场面的具体描写。

《春秋繁露》

《春秋繁露》有 17 卷，82 篇。由于书中篇名和《汉书·艺文志》及本传所载不尽相同，后人疑其不尽出自董仲舒一人之手。《春秋繁露》系后人辑录董仲舒遗文而成书，书名为辑录者所加，隋唐以后才有此书名出现。我国现存最早的《春秋繁露》版本，是南宋嘉定四年（1211 年）江右计台刻本，现藏于北京图书馆。注本很多，最详尽的是苏舆的《春秋繁露义证》。

《春秋繁露》宣扬“天人合一”的神学目的论。认为天是有意志的，是宇宙万物的主宰，是至高无上的神。它把自然现象和社会现象进行神秘化的比附，认为天按照自己的形体制造了人，人是天的副本，人类的一切都是天的复制品，这就是“天人合一”的思想。天通过阴阳、五行之气的变化而体现其意志，主宰社会与自然。草木随着季节变化而生长凋零，都是天的仁德、刑杀的表现；社会中的尊卑贵贱制度，都是天神“阳贵而阴贱”的意志的体现。君、父、夫为阳，臣、子、妇为阴，所以君臣、父子、夫妇的关系就是主从关系。“天子”是代替天在人间实行统治的，君主之权是天所授予的，并按天的意志来统治人民，这就是神化君权的“君权神授”思想。《春秋繁露》还用五行相生相胜的关系来附会社会人事，如将木生火，火生土，土生金，金生水，水生木比为父子；木居左，金居右，火居前，水居后，土居中央，比为父子之序等。这样就把古代朴素唯物主义的概念——阴阳和五行变成了体现天的意志和目的，神化封建制度的工具。

《春秋繁露》还大力宣扬“天人感应”说。认为天不但为人世安排了正常秩序，还密切注视人间的活动，监督正常秩序的实现。如果人间违背了封建道德即天的意志，君主有了过失而不省悟，天便会降下灾异警告，这就是所谓“谴告”说。反之，如果君主治理天下太平，天就会出现符瑞。可见，封建统治者与天是相通、相感应的。如果能按照天的意志行事，维持正常的统治秩序，就可长治久安。

根据天人感应的神学目的论，《春秋繁露》提出了先验主义的人性论、性三品说。董仲舒把人性分为三个品级：圣人之性、中民之性、斗筲之性。圣人之性为纯粹的仁和善，圣人不用教化，是可以教化万民的。斗筲之性是只有贪和恶的广大劳动人民，这些人即使经过圣人的教化也不会成为性善者，对他们只能加以严格防范。中民之性具有善的素质，经过君主的教化便可以达到善。这三个品级的人性，都是天所赋予的。

《春秋繁露》所反映的董仲舒的认识论，是建立在神学唯心主义哲学体系上的，是为天人感应的神学目的论服务的。人类、宇宙万物及其变化都是天意的安排，所以人的认识也就是对天意的认识，只要认真考察自然现象，或通过内心自省，就不难体会到天意。董仲舒认为“名”反映的不是事物，而是天意，它是由圣人发现的，并赋予事物以名，“事各顺于名，名各顺于天”(《深察名号》)，即天的意志决定人的认识，人的认识决定万事万物，完全颠倒了名与实、主观与客观的关系，是一条唯心主义的认识路线。

《韩非子》

《韩非子》是战国末期韩国法家集大成者韩非的著作。这部书现存55篇，约十余万言，大部分为韩非自己的作品。

《韩非子》一书，重点宣扬了韩非法、术、势相结合的法治理论，达到了先秦法家理论的最高峰，为秦统一六国提供了理论武器，同时，也为以后的封建专制制度提供了理论根据。

当时，在中国思想界以儒家、墨家为显学，崇尚“法先王”和“复古”。韩非子的观点是反对复古，主张因时制宜。韩非子根据当时的形势情况，主张法治，提出重赏、重罚、重农、重战四项政策。韩非子提倡君权神授，自秦以后，中国历代封建王朝的治国理念都颇受韩非子学说的影响。

《公孙龙子》

《公孙龙子》是战国后期名家代表人物公孙龙的著作。《汉书·艺文志》中收录《公孙龙子》14 篇，今存 6 篇。《迹府》是后人汇集公孙龙的生平言行写成的传略。其余 5 篇是:《白马论》《指物论》《通变论》《坚白论》

《名实论》，其中以《白马论》最著名。

在《公孙龙子》一书中，公孙龙主要研究了概念的内涵和外延，以及事物的共性和个性所具有的内在矛盾，他的特点就是夸大这种矛盾，并否认两者的统一，所以最后得出违背常理的结论。即白马不是普通所说的马，颜色中的白色和质地的坚硬他也人为地分裂开来论述。另外，在《指物论》中他还着重论述了指与物的关系。“指”即事物的概念或名称，“物”是具体的事物，它们的关系也就是物质与意识的关系，《通变论》则论述了对运动变化的看法，《名实论》讨论名与实的关系。

《公孙龙子》的注释本有宋朝人谢希深的注本，清朝陈澧的《公孙龙子注》、近代陈柱的《公孙龙子集解》和王启湘的《公孙龙子校诠》也可以参考。

《论衡》

《论衡》是汉代哲学家王充的著作。该书从自然主义的唯物论出发来论述社会历史发展，它从承认客观物质的力量来说明社会历史是个不依人的意志为转移的客观发展过程，否定“天”和“人君”是历史发展的力量，否定“天不变、道亦不变”。《论衡》认为社会是在不断前进的，今胜于古，反对“奉天法古”的思想，认为今人和古人相“齐”，今人与古人气禀相同，古今不异，没有根据说古人总是胜于今人，没有理由颂古非今。

《论衡》对汉儒思想进行了尖锐而猛烈的抨击，批判地吸取了先秦以来各家各派的思想，特别是道家黄老学派的思想，对先秦诸子百家的“天道”“礼和法”“鬼神与薄葬”“性善和性恶”等都进行了系统的评述。

《论衡》对东汉后期的社会百病进行了剖析，对当时社会的许多学术问题，特别是社会的颓风陋俗进行了针砭，观点鞭辟入里，石破天惊，见解危言峻发，振聋发聩。《论衡》也可以说是我国古代的一部“百科全书”。就物理学来说，王充对运动、力、热、静电、磁、雷电、声等现象都有观察，书中记载了他的观点。他还解释了人与自然的关系。王充把人的发声比喻为鱼引起水的波动；把声的传播比喻为水波的传播。他的看法与我们今天声学的结论是一致的：声是物体振动产生的，声要靠一定的物质来传播。欧洲人波义耳认识到空气是传播声音的媒介，是 17 世纪的事，比王充晚 1600 年。

尽管《论衡》一书不可能摆脱时代的局限，用自然主义和直观的观察来描述世界，特别是在社会历史观上基本是唯心论的，但它产生在中国历史上的一个重要历史时期，即封建国家处于统一和强大、儒学与谶纬神学相结合，成为统治阶级的正统思想的时期，它敢于宣布世界是由物质构成的，敢于不承认鬼神的存在，敢于向孔孟的权威挑战，并确立了一个比较完整的古代唯物主义体系，这在历史上是起到划时代的作用。它对今后的唯物主义者、无神论者，诸如魏晋时期的哲学家杨泉、南朝宋时的思想家何承天、南朝齐梁时的无神论者范缜、唐朝时期的刘禹锡和柳宗元、明清之际的思想家王夫之等，都产生了不同程度的影响。

《潜夫论》

《潜夫论》是东汉和帝、安帝之际学者王符的一部抨击时政之得失的作品。王符少年好学，有志操，与马融、窦章、张衡、崔瑗等人相友善。其活动在黄巾起义之前。当时东汉社会矛盾日趋尖锐和严重，朝政更加腐败黑暗，统治阶级的贪婪和残暴，再加上连年的自然灾害，使社会更加动荡不安、民不聊生。王符性情耿介，不苟同于世俗，于是终身不仕，隐居著书《潜夫论》。

《潜夫论》共36篇，多数是讨论治国安民之术的政论文章，少数也涉及哲学问题。他对东汉后期政治社会提出广泛尖锐的批判，涉及政治、经济、社会风俗各个方面，指出其本末倒置、名实相违的黑暗情形，认为这些皆出于“衰世之务”，并引经据典，用历史教训警告当时的统治者。把社会的黑暗动乱的根源归之于统治者的昏暗不明，把治理乱世的希望寄托在明君和贤臣身上。他希望明君能任贤使能，忠信纳谏，天下就能太平。他建议采取考功、明选等办法，来改革吏治，反映了当时庶族地主强烈的参政要求。他的政论文中有同情人民、重视人民的思想，他强调“国以民为基，贵以贱为本”。这是对先秦时期“民本”思想的继承和发扬。在经济政策上，他要求重本抑末，重视发展农业生产，爱惜民力，重视对边远地区的防御和建设。他反对谶纬迷信，大量揭露官吏豪强奢侈浪费和迫害人民的罪行。

王符的自然观是二元论的，他的思想徘徊于唯物和唯心之间，但更倾向于唯物主义。

《四书章句集注》

《四书章句集注》简称《四书集注》，是朱熹为《大学》、《中庸》、《论语》、《孟子》所作的注，包括《大学章句》1卷、《中庸章句》1卷、《论语集注》10卷和《孟子集注》14卷。

朱熹在其后半生花费了大量心血撰写和反复修改“四书”的注释，经过40余年的研究探索，他把这四部书会合在一起，由这四部书构成支持理学思想的一个经典系统。他以这四种经典作为其“道统”系谱的文本，使从孔子经孔伋到孟子的历史得到著作的支持，而且对四部书都做了简要且精密的注释和阐发，在《四书章句集注》的注释里融贯了理学的思想。

明、清两代，《四书章句集注》成为钦定的教科书，也成了历次科举考试的标准。原本是纯粹意义上的思想，因为有了考试权力和仕途利益作为支持背景，从而成了通行观念进入生活领域，进一步成为风靡知识界的思想与学问趋向，并因此改变了文化的主流和基调，构建了以后几百年间中国知识、思想与信仰在世界上的主要景观。

《传习录》

《传习录》是王阳明的问答语录和论学书信集，“传习”一辞源出自《论语》中的“传不习乎”一语，是一部儒家简明而有代表性的哲学著作。不但全面阐述了王阳明的思想，也体现了他辩证的授课方法，以及生动活泼、善于用譬、常带机锋的语言艺术。

《传习录》包括了王学所有重要观点。上卷阐述了知行合一、心即理、心外无理、心外无物、意之所在即是物、格物是诚意的功夫等观点，强调圣人之学为身心之学，要领在于体悟实行，切不可把它当做纯知识，仅仅讲论于口耳之间。中卷有书信8篇。回答了对于知行合一、格物说的问难之外，还谈了王学的根本内容、意义与创立王学的良苦用心；讲解致良知大意的同时，也精彩地解释了王学宗旨；回答了他们关于本体的质疑并且针对个人具体情况指点功夫切要。另有两篇短文，阐发阳明的教育思想。下卷的主要内容是致良知，阳明结合自己纯熟的修养功夫，提出了本体功夫合一、满街都是圣人等观点，尤其引人注目的是四句教，它促使王学体系更加齐备。

《厚黑学》

《丑陋的中国人》作者柏杨先生在作品中屡屡提到“厚黑”二字。“厚黑”从何而来？它取自民国初年李宗吾先生的《厚黑学》一书。《厚黑学》是新中国成立前讽刺官场弊病的轰动全国的一部力作。李宗吾提出的“厚黑”二字，当时不绝于耳、脍炙人口。《厚黑学》被人们称为不可多得的奇书。20 世纪 80 年代又成为台湾、香港地区及日本的畅销书。

《厚黑学》作者李宗吾，1879 年（清光绪五年）生于成都，一度任国民政府官员、四川大学教授，后来成为自由撰稿者，抗战胜利前夕的 1944 年去世。

李宗吾遍检诸子百家，读破二十四史，期望求得历史的真谛，终于发现：如果不是彻底的厚颜与黑心，就不可能成为大奸大雄。他把这一认识整理为理论，在 1917 年写成了轰动一时的奇书——《厚黑学》。

在《厚黑学》中，李宗吾以惊世骇俗之笔，史无前例地从“厚黑”角度分析了中国历史上帝王将相、社会名流、英雄豪杰等所谓“成功者”的成功秘诀，一针见血、直言不讳地指出古今成大事者无外乎“面厚心黑”而已，剥开了英雄人物、道德人士的真面目。李宗吾这样说道：“我自读书识字以来，就想成为英雄豪杰，求之四书五经，茫无所得；求之诸子百家，与夫廿四史，仍无所得，以为古之为英雄豪杰者，必有不传之秘，不过吾人生性愚鲁，寻他不出罢了。穷索冥搜，忘寝废食，如是者有年，一日偶然想起三国，想起三国时几个人物，不觉恍然大悟曰："得之矣，得之矣，古之为英雄豪杰者，不过面厚心黑而已。"在书中，李宗吾论人性、论经济、论政治、论国际局势、论学术、论生活，层层深入，步步推进，大胆地指出历代的君王，所有的圣人无不与厚黑相关，只是蒙上了一件"仁义道德"的外衣而已。作者目光独到，见解脱俗，言辞犀利，有理有据，尤其是以敏锐的洞察力看透了封建社会的官场、政治和社会人情并给予无情批判，开启了国民性反思的思辨之路。

李宗吾先生强调，厚黑是神秘的自然法则，是支配和影响人生成功的要诀。只要大原则正确，要战胜对方，就必须智勇双全，脸要彻底地厚，心要彻底地黑，这样方能成大事。达到厚黑境界的奥秘没有什么捷径可走，因为厚黑是你的自然状态，你只是要挖掘已经拥有的东西而已。在这里，厚黑学绝对不是低级庸俗的"厚脸"与"黑心"，"厚黑学"是没有任何贬义的处世哲学。

《中国哲学史大纲》

《中国哲学史大纲》是胡适写定于1918年9月的一部著作。此书一出版即因其方法和见解的创新而极受注意，被誉为：用现代学术方法系统研究中国古代哲学史的第一部著作，它的出版被视为中国哲学史学科成立的标志。虽然只有上卷，但是它的成就和特色足以为后世哲学史家开启出全新的境界。

《中国哲学史大纲》的主要内容分为三部分。第一部分是"宇宙论"，相当于中国哲学的自然观或“天论”，其中分述了中国哲学的本根论、大化论，后来补录了形神问题。在本根论的“气论一”和“气论二”两章中，主要阐述了张载、罗钦顺、王廷相、王夫之、颜元、戴震的思想。

第二部分是“人生论”，指出“人生论是中国哲学之中心部分”，而且“‘天人合一’乃是中国人生思想的一个根本观点”。这一部分内容丰富，论述也较详，占了全书多半的篇幅，其中分述了中国哲学的天人关系论、人性论、人生理想论，及人生问题论。对于人性论之注重，是中国哲学特点之一，而“人生论之中心部分是人生理想论”，此即“关于人生最高准则的理论”。对中国哲学的道德理想主义的阐发主要集中在人生理想论和人生问题论，他晚年注重对中国哲学的“价值观”的研究亦是以此为基础。另外，把“历史观”问题也列入中国哲学的研究范围。

第三部分是“致知论”，指出知识问题虽然不是中国哲学所注重的，但其“论人论天，都在知中；既求‘闻道’，便亦不能不研讨‘闻道之方’”。因此，“认为中国哲学完全没有知识论与方法论，其实是谬误的”。“致知方法与德行涵养有相依不离的关系，这也是中国哲学的特点之一”。在这一部分中，分述了知识论和方法论，包括知之性质与来源、知之可能与限度、真知问题、名与辩问题等。

《中国哲学史大纲》出版后，在社会上引起了巨大的轰动。它在中国哲学史，甚至在各种专史和通史的研究方面，都堪称具有开创意义的书，是“五四”新文化运动的一个积极成果。蔡元培给此书以很高评价，指出它有四种特长：第一，证明的方法；第二，扼要的手段；第三，平等的眼光；第四，系统的方法。胡适本人自信地说：“我自信，治中国哲学史，我是开山的人，这一件事要算是中国一件大幸事。这一部书的功用能使中国哲学史变色。以后无论国内国外研究这一门学科的人都躲不了这一部书的影响。

凡不能用这种方法和态度的，我可以断言，休想站得住。”

梁启超在一场演讲中评此书：“这书自有它的立脚点，它的立脚点很站得住。这书处处表现出著作人的个性，他那敏锐的观察力，致密的组织力，大胆的创造力，都是不废江河万古流的……总说一句，凡关于知识论方面，到处发现石破天惊的伟论，凡关于宇宙观人生观方面，什有九很浅薄或谬误。”

冯友兰回忆：“胡适的这部书，把自己的话作为正文，用大字顶格写下来，而把引用古人的话，用小字低一格写下来。这表明，封建时代的著作，是以古人为主。而五四时期的著作是以自己为主。”“在中国哲学史研究的近代化工作中，胡适创始之功，是不可埋没的。”

《中国哲学史》

冯友兰先生所著《中国哲学史》两卷本是第一部完整的具有现代意义的中国哲学史，“此书作者取西洋哲学观念，以阐紫阳之学，宜其所系统而多新解”。此书的基本架构已为中国哲学史界普遍接受，此书的许多观点(如名家应分为惠施之“合同异”、公孙龙之“离坚白”两派；二程思想不同，分别为心学、理学之先驱；又如程朱异同，陆王异同，朱王异同等)，均为前人所未发，后人所不能改，已成为学术界的定论。此书是中国哲学史学科的奠基之作。

《中国哲学史》分为上、下册。第一篇是子学时代，第二篇为经学时代。全书史料丰富，翔实，观点新颖深刻，分析透彻，理论丰富，具有极高的学术价值，可供广大读者参考。

《美的历程》

《美的历程》是中国美学的经典之作，凝聚了作者李泽厚先生多年研究，他把中国人古往今来对美的感觉玲珑剔透地展现在大家眼前，如斯感性，如斯亲切。今配以精美的插图，本书就更具体地显现出中国这段波澜壮阔的美的历程

《美的历程》从宏观鸟瞰角度对中国数千年的艺术、文学做了概括描述和美学把握。其中提出了诸如原始远古艺术的“龙飞凤舞”，殷周青铜器艺术的“拧厉的美”，先秦理性精神的“儒道互补”，楚辞、汉赋、汉画像石之“浪漫主义”，“人的觉醒”的魏晋风度，六朝、唐、宋佛像雕塑，宋元山水绘画以及诗、词、曲各具审美三品类，明清时期小说、戏曲由浪漫而感伤而现实之变迁等重要观念，多发前人之所未发。

此书于 1981 年初版，多次再版重印达上百万册。已有英文、德文、韩文等多种译本问世。

第二章
外国哲学经典

《名哲言行录》

这是罗马帝国时代的古希腊哲学史家第欧根尼·拉尔修用希腊文写成的哲学著作，全书共10卷，包括200余位哲学家与300余篇作品。它将古希腊哲学按哲学家籍贯分为两大学派：爱奥尼亚派与意大利派，再按哲学流派来划分。第1卷至第7卷讲的是“爱奥尼亚”哲人（包括苏格拉底、柏拉图师徒），第8卷至第10卷讲的是“意大利”哲人（包括压卷的伊壁鸠鲁）。该书用的多数是间接材料，但其中也不乏有价值的文献，如第十卷介绍伊壁鲁鸠及其弟子的思想极为详尽，伊壁鲁鸠的主要箴言及致友人书3篇几乎全部引录在内。

该书显然是大量前代资料的总汇，有时编排得不好，显得前后不一致，特色是轶闻、趣语占很大比例，可能反映了他所处时代的文风。跟古今中外很多作者一样，拉尔修喜欢在书中引用自己的诗句来凑兴，除了自己的歪诗，他也引了不少古代大诗人的诗句，为后世保存了许多重要的文学资料。

《名哲言行录》一直在古代流传，但并不出名。文艺复兴时期，该书开始有印刷本，也有拉丁文译本的出现，方为人们所熟悉，蒙田是该书的热情读者之一。尼采也做过有关《哲人言行录》的研究。

《沉思录》

《沉思录》是被誉为“帝王哲学家”马可·奥勒留所著，成书于公元2世纪后期，是其在常年的征战闲暇中所写，以自己与自己对话的方式写成，共12卷，主要思考人生伦理问题，兼顾自然哲学。马可·奥勒留把对身羁宫廷的自身和自己所处混乱世界的感受朴实地描画出来，追求一种摆脱激情和欲望、冷静而达观的人生态度。

书中阐述了死亡和灵魂的关系、分析了人的德行、个人的社会责任，通过自省以达到内心的平静，摒弃一切无用而繁琐的思考，正直地思考。

马可·奥勒留的作品直指内心，直指我们的精神和灵魂。读这本书，你会在高雅思想和纯净心灵中得到慰藉，每个人都会有需要读它的时候。

读者不需要哲学基础就可以轻易读懂这本书，这部两千年前的智慧之书，至今仍不失光辉，对今人的思想及生活有着重要的指导意义。作为温家宝总理和克林顿总统的枕边书，《沉思录》并不长，200多页，里面多数都是深刻的人生感悟，文笔优美，表述简洁。

《道德情操论》

《道德情操论》是亚当·斯密的伦理学著作，首次出版于1759年，亚当·斯密去世前共出版过6次。

全书共由7卷构成，主要阐释的是道德情感的本质和道德评价的性质。

斯密在该书中继承了哈奇森的道德感学说和休谟的同情论思想，形成了自己的道德情感理论。斯密从人类的情感和同情心出发，讨论了善恶、美丑、正义、责任等一系列概念，阐述了人本性中所有的同情的情感是形成其道德取向的基础，是人类正义感和其他一切道德情感的形成根源，由此说明道德评价的性质，以此为基础表明各种基本美德的特征，并向世人强调：道德和正义对于社会乃至市场经济的运行是非常重要的。进而揭示出人类社会赖以维系、和谐发展的秘密。

《道德情操论》对人类丰富多彩的道德情操世界作了简明扼要的理论说明。第一卷指出同情、同情心是人类天赋的本性之一，情感互动构成社会生活天然的、不可或缺的组成部分；第二卷中谈到对优点和缺点的感觉；第三卷阐述了我们评判自己的情感和行为的基础，兼论责任感；第四卷阐述了效用对赞同情感的作用；第五卷描述了习惯和风气对有关道德赞同和不赞同情感的影响；第六卷阐述有关美德的品质——首先，它对那个人自己幸福所能产生的影响，其次，它对其他人的幸福所能产生的影响；第七卷则论道德哲学体系。

《道德情操论》对于促进人类福利这一更大的社会目的起到了更为基本的作用，是市场经济良性运行不可或缺的“圣经”，堪称西方世界的《论语》。

《形而上学》

《形而上学》是亚里士多德在不同时期的演讲汇编而成的文集，共14卷，内容主要论述有关哲学的基本理论。但实际上亚里士多德本人并没有使用“形而上学”一词，他称关于宇宙本原的理论为“第一哲学”。

亚里士多德死后200多年，他的后继者在整理编订时将这部分文集列在亚里士多德的物理学著作的后面，故取名为《物理学后诸篇》。

由于本书是他的后继者根据笔记整理而成，因而结构松散，各卷之间缺少连贯性，不成系统。不过这丝毫不降低它的重要性，它依然是哲学研究的可靠资料，书中的许多问题一直有着极为重要的影响。

《理想国》

《理想国》又译作《国家篇》、《共和国》等，共分 10 卷，一般认为属于柏拉图中期的作品，被誉为“哲学大全”。

《理想国》不仅是柏拉图对自己哲学思想的概括和总结，而且是当时各门学科的综合，它探讨了哲学、政治、伦理道德、教育、文艺等各方面的问题，以理念论为基础，建立了一个系统的理想国家方案，是西方政治思想中最具代表性的作品，在哲学史乃至人类思想史上产生了广泛而深远的影响。

《理想国》的主要内容是对正义的探讨，可归结为三个部分，即什么是正义？人们为什么要实行正义？什么样的政治最正义？

柏拉图认为一个好的国家应该具备智慧、勇敢、自制、正义这 4 种德性。他把国家分为三个阶层：受过严格哲学教育的统治阶层、保卫国家的武士阶层、平民阶层。他鄙视个人幸福，无限地强调城邦整体、强调他的“正义”。在柏拉图眼中，第三阶层的人民是低下的，可以欺骗的。他赋予了统治者无上的权力，甚至认为统治者“为了国家利益可以用撒谎来对付敌人或者公民”。

英国哲学家怀特海这样来赞誉柏拉图及他的作品：“两千年的西方哲学史都是在为柏拉图的学说思想做注脚。”因此，欲了解哲学大家及其作品，柏拉图的《理想国》是首选。

《物性论》

《物性论》是古罗马最杰出的唯物主义哲学家、无神论者、伊壁鸠鲁主义的最大代表卢克莱修的作品。它是现存唯一系统阐述古希腊罗马的原子唯物论的著作。全书依据德谟克利特开创的原子唯物论，以诗歌的形式详细阐述了伊壁鸠鲁的原子论哲学，以大量事例阐明了伊壁鸠鲁的学说，批判了灵魂不死和灵魂轮回说及神创论，认为物质是永恒的，将朴素唯物主义的观点贯彻于自然、社会和思维领域，在与唯心主义学说的斗争中丰富了唯物主义和辩证法思想。

这是一部用拉丁文写成的哲学诗集，全书共6卷。第一卷重点论述了原子和虚空学说。第二卷解释原子的运动，以此说明一切可感事物的原因。第三卷论述了原子如何构成人的灵魂，详细论述了灵魂的可朽性。第四卷对感觉、意志等心理活动做了原子论的解释。第五卷阐述了伊壁鸠鲁的宇宙观。第六卷进一步解释了一些具体的自然现象，比如雷电、磁力等。最后，以伯罗奔尼撒战争期间雅典瘟疫为题结束全书。

《君主论》

《君主论》，约成书于1513年，是一本惊世骇俗的传世之作，对整个世界的政治思想和学术领域都产生了极为重要的影响，作为第一部政治禁书而为世人瞩目。作者是意大利的马基雅维利。

在书中，马基雅维利大胆地指出人类的许多劣根性，正好可作为统治者的利用之处。他对人性的假设不被基督教文化下的社会所包容。然而无论人们是否喜欢，他所提到的内容都是切实存在的。

直到 20 世纪后期，人们才开始以科学的态度对待《君主论》。在西方，《君主论》被列为最有影响和最畅销的世界十大名著之一，是人类有史以来对政治斗争技巧最独到、最精辟、最诚实的剖析。马基雅维利也被称为第一位将政治和伦理学分家的政治思想家。

《君主论》全书共 26 章。前 11 章论述了君主国应该怎样进行统治和维持下去；12 章至 14 章阐明军队是一切国家的主要基础，君主要拥有自己的军队，战争、军事制度和训练是君主唯一的专业。后 12 章是全书的重点，全面论证马基雅维利的术治理论。

《利维坦》

何为"利维坦"？据《圣经》讲，利维坦是一种巨大的水生怪物，陆地上的生灵没有一种能像它那样无所畏惧；它高大而骄傲，藐视一切，是当仁不让的水族之王。

霍布斯这部哲学著作中说的"利维坦"当然不再是水怪，而是由人类创造的"活的上帝"、人间的"利维坦"——这就是国家。用作者霍布斯的话说：国家是一个人工模造的人；其中，主权是它的灵魂，官员是它的关节，奖惩是它的神经，财富是它的实利，安全是它的事业，顾问是它的记忆，公平法律是它的理智，和平是它的健康，动乱是它的疾病，而内战则是它的死亡。

《利维坦》是一部政治哲学著作，是从哲学上讨论国家的起源、性质、作用的古典学术名著。它诞生于17世纪的英国，首次发表的时间是1651年。1651年，经过11年的流亡生活，霍布斯回到了克伦威尔统治下的英国。霍布斯的政治主张恰逢其时，他的名著《利维坦》很快便在伦敦出版了。这是他第一次公开在英国发表的著作。因为此书霍布斯被列入近代欧洲历史上的伟大哲学家之列。作为政治哲学的创新者，霍布斯甚至可以与早他2000年的古希腊哲学大家《政治学》的作者亚里士多德遥相匹比而毫不逊色。

《利维坦》的中文译本近40万字，500多页的篇幅，内容共分4个部分：第一部分“论人类”；第二部分“论国家”；第三部分“论基督教体系的国家”；第四部分“论黑暗的王国”。前两部分，尤其是第二部分是全书的精华，其中阐述的东西与我们今天的现实生活仍有很密切的联系，值得认真研读、咀嚼、玩味；后两部分更多涉及基督教的历史与对教会的批判，这在当时的欧洲有很大的意义。

《哲学的慰藉》

《哲学的慰藉》一书大约成书于公元524年，那时波爱修斯因被诬陷而在帕维亚监狱中等着被处死，罪名是所谓的“叛国罪”。波爱修斯曾经是特奥德里克政府中最受尊敬、最有民望的官员之一，面对人生、命运的跌宕起伏，波爱修斯在监狱中写下了这本千古名著，以反思人生际遇、生命的意义。本书在人类文明史上影响巨大，与朋霍费尔的《狱中书简》、哈维尔的《狱中书简》并称为人类文明三大狱中书简。

《哲学的慰藉》一书混合了散文、诗歌和对话的形式，描述了作者与代表理性的哲学女神一起探讨人生与信仰的过程。本书被称为“西方中世纪和文艺复兴时期最重要、最有影响力的著作，也是最后一部堪称经典的西方著作”。

全书分5卷。第一卷描述自己的境遇；第二卷指出世俗的幸福不可靠；第三卷讨论最高的幸福和至善；第四卷讨论恶的本质；第五卷讨论天命与人的自由意志的关系。全书以善恶问题为中心，劝诫人弃恶扬善，向上帝复归。

《逻辑哲学论》

《逻辑哲学论》是现代西方思想史上的经典名著，作者维特根斯坦是20世纪西方哲学的灵魂人物。全书以短小精悍的格言、警句编序排列，为我们提供了一把连通逻辑、哲学与人生的重要钥匙。

《逻辑哲学论》是一部非常独特的书，它只有两万余字，由七大命题组成：

1. 世界就是所发生的一切东西；
2. 那发生的东西，即事实，就是原子事实的存在；
3. 事实的逻辑形象就是思想；
4. 思想是有意义的命题；
5. 命题是基本命题的真值函项；
6. 真值函项的一般形式是：[P，x，N（x）]；
7. 一个人对于不能谈的事情就应当沉默。

《逻辑哲学论》犹如一个乐章，七个命题实际上是整个乐章中的强音点，长短不一的句子，铿锵有力的音节，所有这一切都使人觉得维特根斯坦在故意将自己的音乐修养表现在哲学著作中。

《第一哲学沉思集》

笛卡尔的《第一哲学沉思集》最初是用拉丁文写的，出版于1641年。笛卡尔在此书公开出版之前，托人把几份样本分送给各派著名的学者，包括：唯物主义哲学家霍布斯和伽森狄，维护科学发展的宗教界人士麦尔赛纳和阿尔诺，以及天主教神学家伽泰鲁和布尔登等人，请他们提出批判意见，以便根据他们的意见再做进一步的阐述，然后将驳论和答复作为附录收入在《第一哲学沉思集》中一同发表，从而留下一份反映当时哲学论争，特别是经验论和唯理论论争的珍贵资料。

笛卡尔先后共收到六组《反驳》，他都针对这些《反驳》做了《答辩》。这样，《沉思集》的拉丁文第一版就包括六个《沉思》、六组《反驳》和六个《答辩》。（第七组《反驳》是后来收到的，和《答辩》一起以及笛卡尔给狄奈神父的一封信收在拉丁文第二版里。）

《先验唯心论体系》

《先验唯心论体系》是德国哲学家谢林的代表作，标志着他哲学体系的确立，于1800年发表。

在本书中，谢林纠正了费希特的一点偏颇，将先验唯心论进一步扩展成一个关于全部知识的体系。在谢林看来，知识是主观和客观的契合，而主观和客观不存在谁是第一位的问题，从客观出发，以主观依附于客观，这就是自然哲学；而从主观出发，客观依附于主观，这就是先验哲学。而先验哲学还没有人建立体系，谢林正是通过本书弥补了这一空白。

谢林的《先验唯心论体系》把全部哲学表述为意识的发展，涵盖了从原始自我到理智直观、从理论哲学到实践哲学、从自然合目的论到艺术哲学的全过程，最后到达自然和精神的绝对同一性。谢林开创的这种思想和方法对黑格尔具有重要的范式作用，极大地推动了德国古典哲学的发展。

按照谢林自己所说的，“这部作品应看成是作者有关自然哲学的著作的一部必要的姊妹篇”。所以，这本书“是从自我意识的最初级的、最简单的直观开始，而到最高级的，即美感的直观为止”。也就是说，艺术最终构成自然和精神的穹顶。

《人是机器》

《人是机器》一书是拉美特利流亡荷兰时所写，1747 年匿名发表。拉美特利根据大量医学、解剖学和生理学的科学材料，证明人的心灵状况决定于人的机体状况，特别着重证明思维是大脑的机能和道德源于机体的自我保存的要求。《人是机器》假定一切生物都具有所谓“运动的始基”，它是生物的运动，感觉以至思维和良知产生的根据。书中明确指出，运动的物质能够产生有生命的生物、有感觉的动物和有理性的人。公开表明唯物主义和无神论的立场，驳斥心灵为独立的精神实体的唯心主义观点，论证精神对物质的依赖关系。

《人是机器》在自然观、认识论、社会历史观、无神论和伦理学等许多方面还提出一系列后来为其他法国唯物主义者进一步发展了的思想。它是

18 世纪法国第一部以公开的无神论形式出现的系统的机械唯物主义著作，是哲学与科学思想史上一部对神学挑战的光辉杰作。

《自然的体系》

《自然的体系》是 18 世纪法国唯物主义哲学家霍尔巴赫的重要哲学著作。全书分上下卷，共 31 章。

在这部书中，霍尔巴赫充分利用当时自然科学的成果，概括总结了前人的先进思想，在 18 世纪法国唯物主义者中第一次系统而全面地阐述了法国唯物主义哲学，在当时的思想界产生了很大的影响，曾经屡次再版，并被译成多种文字。该书因批判封建专制和天主教教会，反对神学唯心主义，1770 年 8 月巴黎法院判处公开销毁该书；11 月罗马教皇将该书列入《禁书目录》。

《自然的体系》系统、全面地阐述了唯物主义世界观、认识论以及有关政治、社会、伦理、宗教等方面的观点。上卷是作者唯物主义思想体系的一般表述，其中提出的世界统一于物质的观点，阐明了运动是物质的一种性质及其遵循的必然性规律，指出宇宙是一条因果无穷的锁链，灵魂一旦脱离肉体就会是僵死的、无生气的，并否认有先天的观念，主张唯物主义的反映论；下卷作者运用唯物主义原则对神学世界观进行了全面深入的批判。

《人类理解论》

《人类理解论》论述的是认识论问题，这是欧洲历史上的第一部专门论述认识论问题的著作。

本书从1671年开始写作，直到1690年才交付出版，期间断断续续写了近20年。自1690年首次出版后，到1700年《人性理解论》出版了20个版本。洛克写这部著作的初衷是“看看什么物像是我们的理解所能解决的，什么物像是它所不能解决的”。洛克对真理的执著、对情感持疑以及他的忍耐力都在这部著作中表现得十分明显。

《人性理解论》是英国经验论哲学的代表作。洛克在本书的一开头就批判了笛卡尔的“天赋观念”和莱布尼兹的“天赋实践原则”，提出“人心就像一张白纸，上面什么字迹也没有”，“人类一切知识的泉源就是经验”。在书中，洛克提出了第一性的质与第二性的质、简单观念与复杂观念的学说，论述了知识的本性、形成、等级和范围等问题。

《人类理智新论》

《人类理智新论》是莱布尼茨与洛克论战的一部重要哲学著作，着重探讨认识论问题，但也涉及他的主要哲学原则，该书大约完成于1704年，这本书写成的时候，洛克去世了。在莱布尼茨看来，由于对手已经不能答辩了，发表出来对他不尊敬也不公正，所以直到莱布尼茨去世后半个多世纪才得以首次发表。由此可见莱布尼茨的绅士风度。这部著作反映了德国资产阶级的性格和要求，因而被誉为第一部德国哲学著作。

《人类理智新论》由五个部分组成：序言、论天赋观念、论观念、论语词、论知识。在书中作者同洛克《人类理解论》（也称《人类理智论》）进行了逐章、逐节、甚至逐句的辩论，因而书的全部章节及标题都和洛克的著作大体相同。本书采取对话的形式撰述。对话的双方是斐拉莱特（原意是“爱真理者”，代表洛克）和德奥斐勒（原意是“爱上帝者”，代表莱布尼茨）。莱布尼茨在辩论过程中集中地阐述了自己的唯心主义理性派的认识论，宣称解决了洛克留下的完全未解决的一些认识论的难题。

“序言”部分是全书完成以后撰写的。它共有24条，每条独立阐明一个问题，它对洛克本人以及整个机械唯物主义的共同缺陷一一做了评述，同时概括地论述了作者自己的观点。

有没有天赋观念，这是莱布尼茨和洛克争论的第一个问题，也是最基本，最重大的问题。因为从对这一问题的不同回答中，将引出一系列根本不同的观点。如果人心中的观念是天赋的，或如莱布尼茨所说“天赋的内在原则”，那么概念、真理、观点以及由此推出来的规律，必然是发自内心原如一块白斑，理智中的一切都来自外界，那就不需要用什么“天赋观念”来解释了。有没有“天赋观念”，成为近代欧洲经验派和理性派争论的焦点。莱布尼茨直截了当地提出了这个问题。

从第二卷开始，莱布尼茨除继续讨论观念的起源外，还开始讨论观念的形成、分类、功能等，主要包括观念通论、论简单观念和论复杂观念三个方面的内容。这一卷约占全书篇幅的三分之一，这说明莱布尼茨是很重视“观念“的。

莱布尼茨在第三卷中着重讨论了两个问题：第一，什么是语词及其意义？第二，关于各种语词问题。

什么是知识？什么是真理？知识有哪些种类？知识的范围及确定性，实在性如何？这是知识问题的肯定方面；从否定方面看，就要讨论无知和错误。但肯定和否定二者之间夹着一片模糊，那就是所谓概然性知识。以上三个方面就是莱布尼茨在第四卷中所讲的主要内容。

《人类理解研究》

《人类理解研究》的作者是休谟，该书出版于1748年，是《人性论》的重写和延伸，在内容方面基本上与《人性论》是相同的。休谟之所以将《人性论》重新改写，乃由于这部书出版之后，并未引起当时学术界的注意。他写道："任何文学的企图都不及我的《人性论》那样不幸。它从机器一生出来就死了，它无声无息的，甚至在狂热者中也不曾激起一丝怨言来。"

经过深思熟虑，休谟认为《人性论》的"失败"不是完全由于意见的不妥当，而是由于叙述的不确切。因此他在《人类理解研究》中在材料方面加了些甄别，在论证方面也集中了许多，从文字方面来说也比《人性论》简洁而锋利。这部书出版之后，休谟在西欧哲学界的地位大大提高，一举成为当时显要的哲学家之一。

《纯粹理性批判》

《纯粹理性批判》出版于1781年，1787年再版，并有较大修改。这部划时代的著作是著名的批判三部曲(《纯粹理性批判》、《实践理性批判》和《判断力批判》)的第一部。在作者康德看来，纯粹经验基于经验带给人类知识，但是实践经验不是基于经验，而是"先验"，它假设了人类的自由意志、上帝和道德。因此，康德试图在唯物主义和唯心主义之间，找到一个结合点。

《纯粹理性批判》是一部篇幅巨大艰深难懂而又具创造性的哲学名著。

所谓“纯粹理性”，是指独立于一切经验的理性；而所谓“批判”，则是指对这种纯粹思辨的理性进行一种考察，以便弄清楚人类知识的来源、范围与界限，这样才可以既避免独断论，又避免怀疑论，从而为建立一个科学的形而上学奠定基础。书中围绕着“先天综合判断如何可能”的问题，通过对先天直观形式和先验知性范畴的考察，说明了数学和自然科学是如何可能的，接着通过对理性的纯粹推论的考察提出了自然科学是如何可能的，接着通过对理性的纯粹推论的考察提出了将知性范畴运用于理性推论必然导致的二律背反，由此确立了现象与本体的二元论，以物自体的不可知为信仰留下了地盘。

康德对理性认识能力的批判是其哲学思想的基础，在此基础之上，他对理性的全部领域进行了考察，从而形成了由三大批判组成的“批判哲学”：第一批判《纯粹理性批判》主要考察理性的认识能力，康德称之为“理论理性”；第二批判《实践理性批判》考察理性的实践能力或者说意志能力，康德称之为“实践理性”；第三批判《判断力批判》考察的“判断力”则是理论理性与实践理性之间起沟通作用的中间环节。

康德的《纯粹理性批判》推翻了旧形而上学的统治，被称作哲学上的“哥白尼革命”。

《实践理性批判》

康德的《实践理性批判》出版于1788年，是康德哲学思想的核心部分。康德首次确定了精神的永存和上帝的存在。书中讨论了生活中的至善问题，康德认为人在绝对服从道德律令的情况下，不应该只是去寻找快乐，而应该去寻找上帝赐予我们的幸福。

《实践理性批判》是康德三大批判（《纯粹理性批判》、《实践理性批判》和《判断力批判》）的第二部，是《纯粹理性批判》的归宿和目的。所谓“实践理性”，是指实践主体的意志，对于实践理性的“批判”，就是要考察那规定道德行为的“意志”的本质以及它们遵循的原则。全书包括“纯粹实践理性的原理论”和“纯粹实践理性的方法论”两大部分。该书的重要理论意义在于，它把人的主体性问题突出出来，强调了人格的尊严与崇高，表现了强烈的人本主义精神。

全书除序言和导言外，分为纯粹实践理性的“要素论”和“方法论”两部分，外加一个“结论”。“要素论”里面又分为纯粹实践理性的“分析论”和“辨证论”。这一套结构与《纯粹理性批判》的大体结构完全相同，但在划分的细节上却有很大的差别，甚至完全相反。这是由于两个批判的任务、对象和要达到的目标不同所决定的。

《关于费尔巴哈的提纲》

《关于费尔巴哈的提纲》（简称《提纲》）是马克思于1845年春天在比利时的首都布鲁塞尔写成的，生前从未发表，最早发表于1888年。《关于费尔巴哈的提纲》非常精炼，一共11条，总共不过一千余字，但是它包含的内容却非常丰富。恩格斯对《关于费尔巴哈的提纲》给予了高度的评价，称之为“包含着新世界观天才萌芽的第一个文件”，是“历史唯物主义的起源”。《关于费尔巴哈的提纲》第一次全面地批判了费尔巴哈唯物主义的直观性和不彻底性。提出了新唯物主义区别于一切旧唯物主义的根本观点——实践。

全文可分为四大部分：第一部分，揭露唯心主义和旧唯物主义的根本缺陷；第二部分，以实践为基础，把辩证法与唯物主义反映论统一，创立能动反映论；第三部分，把辩证唯物论和历史唯物论相结合，对旧唯物主义的各种错误进行解剖和批判；第四部分，在指出新旧唯物主义立足点不同的基础上，把认识世界和改造世界统一起来。

《关于费尔巴哈的提纲》和《德意志意识形态》一起被公认为是马克思主义哲学，特别是唯物史观创立的基本标志。

《语言、真理与逻辑》

《语言、真理与逻辑》是英国哲学家、逻辑实证主义者艾耶尔的代表作，1936年出版。本书是艾耶尔25岁时写成，曾经被视为通俗阐述逻辑实证主义观点的教材，在当时的英国哲学界引起了很大震动。

当代英国著名哲学家斯特劳森（P.F.Strawson）在《卫报周刊》上对该书作出如下评价："《语言、真理与逻辑》这本书是艾耶尔25岁时写的，但是它至今仍然是一部著名的、被广泛阅读的好书。他从坚决反偶像论的观点出发，应用流畅的语言，把充满新鲜血液的逻辑实证论介绍到英国哲学界。这使他的保守的前辈为之失色，使有远见的学者获得深刻地印象。艾耶尔这本书还吸引了许多青年读者，为他们所喜爱。"

《尼各马可伦理学》

《尼各马可伦理学》是亚里士多德的伦理学著作。据传由其子尼各马可编纂，成书于公元前335—前323年。13世纪被译成拉丁文后传遍西欧，中译本名为《亚里士多德伦理学》，商务印书馆1933年出版。

全书共10卷，132章，探讨了道德行为发展的各个环节和道德关系的各种规定等问题。该书是西方伦理学史上第一部伦理学专著，书中系统阐述了德性在于合乎理性的活动，至善就是幸福等观点，成为西方近现代伦理学思想的主要渊源之一。

《遗书》

《遗书》是法国空想共产主义者让·梅叶在临死前的1729年前夕所写，该书手稿分成三本，每本360页，上面都有梅叶的亲笔签名。

《遗书》揭露封建专制和宗教的罪恶，号召农民团结起来，用暴力推翻封建专制，建立人人幸福的理想社会。梅叶还写信给邻近各区的神甫，要他们向人民说真理，不要在人民中间维持荒诞的迷信，不要听任世间的财主、贵族对人民的折磨，否则就不配受人民的供养。梅叶深信，如果人们研究了他的思想，及其所依据的一切原理，那么将获得更多的拥护者，即使有些人出于其个人的考虑而不得不在别人面前大声指责之，但将有许多人在内心里站在他这边。

梅叶死后一年，即1730年，《遗书》原文的手抄本在法国自由思想家中间秘密流传。伏尔泰读了《遗书》，在1762年2月给达朗贝的信中写道："当我阅读梅叶著作的时候，不禁吓得发抖。"不过他还是主张"应该在一切正直人的口袋中都有一本"。1762年伏尔泰编的《遗书》摘要本在日内瓦出版，摘要本中删去梅叶的政治思想。虽然这样，摘要本也深受欢迎，而且多次重版。

《伦理学》

《伦理学》是一本奇特的书。它充满了欧几里得几何学的术语：定义、公理、命题及推论等，是斯宾诺莎的主要著作，他的哲学思想基本上都表述在这本书中。这部著作花费了他十多年的工夫——从1662年写起，到1675年才完成。在他生前，这部著作并没有发表，死后才由他的友人出版。而出版不久，就被当时的荷兰当局视为"亵渎的、无神论的学说"，禁止发行。

《伦理学》共分为5个部分，构成了斯宾诺莎的完整的哲学体系。第一部分论述了他的实体学说，阐明了世界上除了自我依赖的实体，没有他物；第二部分论述了他的唯理论的认识论，阐明了观念的起源，说明了人的理性是可以认识自然的；第三部分论述了人的情感和意志的性质和起源，阐明了人的被动的情感是不正确的和混淆的观念造成的；第四部分论述了道德的基础和善恶的标准，阐明了人在盲目的情感支配下的奴役状况和在理性指导下的符合人性的道德生活；第五部分论述了道德修养的途径，阐明了主动的心灵能与整个自然相一致，从而获得自由。

斯宾诺莎的《伦理学》一书所阐发的哲学思想在近现代欧洲哲学史上产生了多方面的影响。黑格尔就曾经明确地提出，要研究哲学，就必须首先做一个斯宾诺莎主义者。马克思在他的哲学著作中，也经常把斯宾诺莎当作近代哲学史上唯物主义和辩证法的杰出代表。

《功利主义》

《功利主义》是功利主义者密尔的代表作，出版于 1861 年。密尔一方面继承了边沁的功利原则，但是另一方面，他不完全赞成边沁快乐只有量的区别的主张。边沁的功利主义重视当事人的功利，而密尔则更重视总体功利。幸福意味着预期中的快乐，意味着痛苦的远离。不幸福则代表了痛苦，代表了快乐的缺失。

《善恶的彼岸》

《善恶的彼岸》作者是尼采，作者 1885 年夏天开始动笔写作，第二年的冬天完成。尼采写此书有两个目的：一是解释和阐述《查拉图斯特拉如是说》；二是为写作他最伟大的、最重要的著作《强力意志》作准备。

尼采在该书中力图界定、表述“善”与“恶”这两个相对的词，来区分不道德和非道德。他察觉到人们为使古代道德准则和现代人的需要相一致所做的努力，是有矛盾的，他认识到人们经常在道德理论和社会实践之间作出妥协。他的目的是确立道德与需要之间的关系，为人类行为构造一个可操作的基础。

《善恶的彼岸》是尼采对一种新道德体系作出的最重要的贡献之一，触及了其哲学的许多最深层的原理，影响了 20 世纪各个领域的思想家。

《爱欲与文明》

《爱欲与文明——对弗洛伊德思想的哲学探讨》是法兰克福学派的代表人物马尔库塞的名著，于1955年出版。本书通过讨论弗洛伊德心理学的哲学内涵，重新审视人类文明，以期建立新的文明理论。新左翼评论家罗宾逊声称它是一部“堪与《资本论》媲美的著作”。这自然是过誉之论，但有一点可以断定，这是一部性哲学的经典之作。

《爱欲与文明》原来是作者1950年至1951年间在华盛顿精神病学院的讲稿。该书出版时所用的副标题是“对弗洛伊德理论的哲学探讨”。该书的正标题和副标题点明了本书的主题，即通过对弗洛伊德的精神分析学的哲学探讨来研究文明与爱欲的关系。本书的许多基本观点在后来都产生了深刻的影响。

《第二性》

西蒙娜·德·波伏瓦的《第二性》被誉为“有史以来讨论妇女的最健全、最理智、最充满智慧的一本书”，发表于1949年，对妇女运动的第二次浪潮起到推波助澜的作用。该书是对近代以来的女权主义运动和理论的一个总结，被奉为当代西方女权主义运动的圣经，奠定了当代女权主义理论的方向和研究基础。作者以涵盖哲学、历史、文学、生物学、古代神话和风俗的文化内容为背景，纵论了从原始社会到现代社会的历史演变中，妇女的处境、地位和权利的实际情况，探讨了女性个体发展史所显示的性别差异。《第二性》堪称为一部俯瞰整个女性世界的百科全书，她揭开了妇女文化运动向久远的性别歧视开战的序幕，确立了波伏瓦在现代女权主义历史上的奠基人的地位，为世界妇女运动树立了一块丰碑。

《第二性》是两卷本，第一卷名为《事实与神话》，是理论框架，从生物学、心理分析学、人类学和历史唯物主义的视角去探讨被作为他者的第二性——女性。第二卷名为《体验》，分析女人从童年到老年的身心发展，所经历的各种不同境域（婚姻、为人母、社交、妓女、中老年）及其局限，探讨当今女性可以采取什么样的方式获得解放，踏上自由之路。书题献给雅克·博斯特，或许是为了感谢这位替她找到了“第二性”这个别致书名的旧情人。扉页上还有两句耐人寻味的题名，一句是古希腊最早的唯心主义哲学家毕达哥拉斯的断语：“一个好的起源创造了秩序、光明和男人，而一个坏的起源创造了混乱、黑暗和女人。”另一句则是法国启蒙思想家浦兰·德·拉巴尔的推论：“男人们写的所有关于女人的著述皆可疑，因为他们既是法官也是当事人。”

《正义论》

《正义论》是 20 世纪 70 年代美国著名政治哲学家约翰·罗尔斯的代表作。

《正义论》一书共分 3 篇 9 章，第一篇《理论》篇阐述了正义的基本理论；第二篇《制度》篇论述了正义原则如何运用于社会制度，探讨了自由、宪法、多数原则、政治义务、非暴力反抗等重大政治体制问题；第三篇《目的》篇探讨伦理和道德领域中的课题，涉及善、自尊、美德、正义感、道德感情、自律等一系列课题。

《正义论》是一部学术内容丰富、思辨难度颇大的著作，不仅反映了西方学术界20年来争论的主要问题，而且深刻反映了西方社会的内在矛盾，为读者思考正义问题提供了极好的文献。该书自1971年出版以来，在全球售出25万册，被译成23种语言，研究和评论这本书的论文超过了5000篇。

《上帝之城》

《上帝之城》被称为"奥古斯丁思想的成熟之花"。本书写作的背景是在罗马沦陷以后，异教徒乘机对基督教信仰进行攻击、责难。于是，奥古斯丁写作本书批驳了异教徒对基督教的责难，通过对罗马史的评论告诉世人罗马的毁灭是咎由自取，与基督教无关，并对上帝的创造和人类的起源、发展、结局进行了阐述，歌颂上帝的伟大创造与救赎计划。

《上帝之城》全书共有22卷，可以分为两大部分。前10卷为第一部分，主要批驳异教徒对基督的责难，重评罗马史，认为罗马的毁灭是咎由自取，与基督教无关。后12卷为第二部分，较为系统地涉及历史观。具体说来，第11卷至第14卷阐述了人类社会的起源，或"上帝之城"与"世俗之城"的来源；第15卷至第18卷阐述了人类历史的发展过程；第19卷至第22卷阐述人类历史的结局。

《上帝之城》篇幅巨大，论题重复、思想矛盾之处时有发生，很难用今日的学术标准去断言这个文本中有一个严密的思想体系。奥古斯丁多变的生活轨迹与复杂的思想历程是造成这一现象的重要原因。他本人也曾说自己是一个"随着生活进展而写作，又在写作中进展"的人。但毕竟，这是奥古斯丁的一部晚期著作，其中的内容融会了他一生中的主要思想。

《神学大全》

托马斯·阿奎那的《神学大全》一书在基督教史上被称为第一部包罗万象的百科全书，书中智慧的语言如同闪电一般照亮了黑暗中的神学思想。

《神学大全》一书分为三部分，包括 38 篇论文、631 个问题、3000 个条目和 1 万个异论，全书以中世纪修道院的辩论方式写成，每一讲的结构都很工整，由引子、陈述、论证和反驳组成。先列举若干与本论题相反的观点作为疑问，然后根据辩论的方式，依照阿奎那的观点开始引用大量基督教文献和亚里士多德的著作，最后，以“我的回答是”开始反驳之前的论点，陈述自己的观点。每一讲中的每一个问题和每一个解答，都严格按照三段论进行，由“凡是”“然而”“所以”三部分组成。整部作品体系完备，条理清楚，是典型的经院哲学风格。

第一部分主要论述了上帝问题，反映了人类应该如何对待上帝和神人关系；第二部分主要探讨了伦理道德问题，展示了人类与上帝之间的伦理张力和回归美德的必要性；第三部分主要探讨人类道德的回归，人类的救世主耶稣基督，以及教义教规的问题。

《自然宗教对话录》

《自然宗教对话录》是休谟的重要哲学著作，代表他晚年较成熟的哲学思想。本书写成于 1752 年以前，但由于书中充满着反对传统的宗教观念的内容，故休谟生前未敢出版，直到他去世数年后，在1799年问世。这本书的主题是驳斥当时流行的宗教假设，也就是宇宙设计论（简称设计论），设计论是当时宗教理论的中心支柱，驳斥了设计论，客观上就给予宗教本身以一冲沉重的打击。休谟对宗教的批判既影响了法国启蒙思想家，为他们所利用和受到他们的重视；也影响了康德，把康德“从独断的迷梦中惊醒”，康德也认为上帝的存在与否不能从理性得到证明，它只能是信仰的对象。设计论流行于18世纪，经过休谟的批判，康德的传播，设计论在学术思想界再也站不住脚，此后也就不再有人以这一类的论证来证明上帝的存在。

除了柏拉图，极少有哲学家能成功地用对话录的形式进行写作，休谟是个例外。休谟在《自然宗教对话录》中通过对设计论、神正论的批判，竭力把道德属性从“上帝”那里撤除。休谟在《自然宗教对话录》中不仅仅是把上帝请出了道德领域，他也把一些重要的原则引入了伦理政治领域。

首先，休谟让自然神论者克里安提斯提出了“真宗教”的标准：“宗教的正当职务在于规范人心，使人的行为人道化、灌输节制、秩序和服从的精神；由于它的作用是潜移默化的，只在于加强道德与正义的动机，它就有被忽略以及和这些其他动机混淆的危险。当它自己独立一格，作为一个独立的原则来控制人类，那么它就离开了它的正当范围，而只变成内乱和野心的掩护了”；其次，休谟让怀疑论者斐罗在上述标准之外做了一个补充——做一个哲学上的怀疑主义者是做一个虔信的基督徒的第一步和最重要的一步，斐罗的意图，一方面要防止克里安提斯在设计论上得出超出因果联系的结论，尤其是把道德属性赋予上帝；另一方面要防止正统神学中那些傲慢的独断论者。

《基督教的本质》

《基督教的本质》是德国哲学家费尔巴哈的宗教哲学著作。全书分 3 部分：第一部分为《导论》，概述人和宗教的本质；第二部分，论述宗教的人本学本质；第三部分，批判宗教的神学本质。1841 年在莱比锡首次出版。

费尔巴哈在这部著作中，从人本学唯物主义的立场出发，阐明了宗教神学的秘密，认为它实质上是人本学；分析批判了基督教及神学，批驳了黑格尔思辨哲学关于基督教的错误观点。

费尔巴哈在该书中指出，人是现实的感性存在，是自然的一部分。理性、意志和情感（爱）是人的本质，或是人的本性。人的本质不仅是宗教的基础，也是宗教的对象。人对上帝的意识就是人对自己的意识，人对上帝的认识就是人对自己的认识；上帝的本质就是人的本质，神学就是人本学。

费尔巴哈认为，上帝的全知全能和无所不在等特性，只是人的本质的虚幻反映。宗教是人类的精神之梦，是人的本质的异化。他认为克服这一矛盾的途径就在于诉诸经验的法庭，把宗教颠倒了的东西重新颠倒过来。

《精神现象学》

《精神现象学》是黑格尔公开发表的第一部哲学巨著。通过对“意识”诸形态的考察，论证了他的哲学体系的必然性。与此相联系，黑格尔在书中对他的哲学的基本理论和方法论原理，做了最初的较系统、明确的表述。

此书包含着黑格尔后来所制订的庞大体系的基本纲要和雏形。正如马克思所指出的,《精神现象学》是“黑格尔哲学的真正起源”。

《精神现象学》包含5个阶段，即意识、自我意识、理性、精神和绝对精神。其中关于主奴关系，劳动，异化，扬弃等都是哲学史上的精彩篇章。

按照黑格尔原来的计划,《精神现象学》是整个体系的第一部，这就提供我们了解《精神现象学》与《逻辑学》和其他部分的关系，以及它在黑格尔整个体系中的地位一个线索。由此我们可以看出来黑格尔的《精神现象学》具有海谋所说的三重意义，即“作为整个体系的导言、作为整个体系的第一部，并且作为一个自身的全体”。

黑格尔出版《精神现象学》时，年仅37岁。在黑格尔生前没有出过第二版。他在1831年开始修订这书，但仅订正了30多页，就因感染霍乱而去世，直到1832年才出了第二版。

《存在与虚无》

《存在与虚无》是法国哲学家萨特的哲学巨著，于1943年出版。该书的出版奠定了萨特无神论存在主义哲学体系。

全书共分为四个部分：第一部分论述虚无问题；第二部分论述自为的存在；第三部分论述为他人；第四部分论述拥有、作为和存在。它是一部关于存在主义的代表作，在哲学史上有着重要的地位。

《存在与虚无》的前半部分是要解决现象学本体论的基本观点问题：萨特确定了存在的范畴，确定了自为的存在的结构与特性及其存在规律。在这个基础上，后面的部分主要探讨自为的存在与其他的自为的存在、与自在即与处境的具体关系，从而论证了人的自由，并且最终以现象学的“存在精神分析”的方法描述了自由的伦理意义，这也是“现象学本体论”的落脚点。

《论法的精神》

《论法的精神》是孟德斯鸠经过近 20 年的研究写成的政治学巨著，该书 1748 年出版后受到极大的欢迎，两年内连续印行 22 版，并很快被译成多种文字，伏尔泰称之为“理性和自由的法典”，黑格尔则称之为“一部美妙的著作”。20 世纪初，严复把它译成中文，名为《法意》，对中国资产阶级革命产生了很大影响。

《论法的精神》全书共 6 卷 31 章，其中上册是 3 卷 19 章，下册是 3 卷 12 章。第一卷主要谈法和法的精神的一般概念以及法律和政体性质与原则的关系；第二卷讲的是法律和国家安全、法律和战争、宪法与政治自由、刑法和国家税收与公民自由的关系问题；第三卷专论法律与气候、土壤、民族的一般精神、风俗和习惯的关系；第四卷谈法律和贸易；第五卷谈法律和宗教的关系，各种部门法的使用范围等问题；第六卷主要追溯法国法律的起源和变革。

孟德斯鸠在《论法的精神》一书中全面阐述了自然法理论、法和法律定义，法律与政体关系，以及政体分类、各种政体的性质和原则等问题。阐述政治自由和三权分立学说，并以英国为例提出了君主立宪制的政治主张。论述了自然条件同政治法律的关系，认为自然地理环境对社会政治法律制度具有重大的制约性。论述了法律和工业、商业、货币、贸易、人口及宗教等关系，主张兴办工商业，发展贸易，反对横征暴敛，促进国际交往和世界和平。并论述罗马继承法和法国民法的起源和变革。强调严格区分各种法律规定的范围和制定法律应遵循的原则及其应注意的问题。

该书凝结了孟德斯鸠一生的心血。正如孟德斯鸠在完稿之后发出的喟然长叹："我毕生精力，耗尽在《论法的精神》一书上面。"这部著作不仅使他蜚声世界，而且作为人类进步传统的重要组成部分载入史册，成为人类宝贵的文化遗产之一。

《社会契约论》

卢梭的巨著《社会契约论》，共 4 卷，48 章，其中第一卷 9 章，第二卷 12 章，第三卷 18 章，第四卷 9 章。第一卷在他的确立的基本原理之上，着重研究的是契约论的内容；第二卷主要讨论的是主权论的内容；第三卷则是关于政府形式为主的政府论；第四卷则是从实践的角度讨论了巩固国家体制的方法论。

《社会契约论》关注的是如何实现社会平等的问题。由于人类不可能回归平等的自然状态，所以卢梭要解决的问题就是"在社会秩序中，从人类的实际情况与法律的可能情况着眼，能不能有某种合法的而又确切的政权规则"。在卢梭看来，"人是生而自由的，但却无往不在枷锁之中。自以为是其他一切主人的人，反比其他一切更是奴隶。这种变化是怎么形成的？我不清楚。是什么才使这种变化成为合法的？我自信能够解答这个问题"。卢梭的目的是寻找一种真正合法的社会契约来取代以往以牺牲人的自由平等为代价的社会契约。

卢梭在《社会契约论》中寻找一种在进入社会状态的时候不至于丧失

自由和平等的社会契约，就是人民主权的民主共和国。也正是因为如此，卢梭成了法国大革命雅各宾派的思想导师。在这个问题上，康德似乎比卢梭清醒。按照他的观点，卢梭幻想将立法与守法统一起来从而实现真正自由的政治理想是不可能成为现实的，我们最好把它当作一种道德理想。

《学术的进步》与《新工具》

弗兰西斯·培根原来计划写一部百科全书式的巨著《科学的大复兴》（又名《伟大的复兴》），包括六个部分，但只完成了前两部分。他把这两部分分册出版，这就是他的两部主要哲学著作：《学术的进步》（1605 年）和《新工具》（1620 年）。

培根尖锐地批判了中世纪经院哲学，认为经院哲学和神学严重地阻碍了科学的进步，主张要全面改造人类的知识，使整个学术文化从经院哲学中解放出来，实现伟大的复兴。他认为，科学必须追求自然界事物的原因和规律。要达到这个目的，就必须以感官经验为依据。他提出了唯物主义经验论的原则，认为知识和观念起源于感性世界，感觉经验是一切知识的源泉。要获得自然的科学知识，就必须把认识建筑在感觉经验的基础上。他还提出了经验归纳法，主张以实验和观察材料为基础，经过分析、比较、选择、排除，最后得出正确的结论。

培根哲学的根本目的，就是要实现科学的伟大复兴，推进科学的发展，使人们能够按照自然本来的目的去认识自然，支配自然，以“达到人生的福利和效用”，为发展资本主义生产服务。

《作为意志和表象的世界》

德国哲学家叔本华的重要著作《作为意志和表象的世界》于1819年出版，本书全面阐述了叔本华的人生哲学。

《作为意志和表象的世界》的主要内容有两点，一是“世界是我的表象”，即外在世界只是感觉和表象的世界。但在表象世界的背后，还存在一个意志世界，“世界是我的意志”。意志是万物的基础。整个世界就是意志，意志是唯一的、不可分的实体，人的认识和理性就是意志客观化发展到一定级别后的产物。其二是“世界的本质是意志”，即世界的精神内核是“生存意志”，生存意志是指宇宙万物的本质是生存下去的欲望，生存包含两个意思：“饮食”是个体的生存，“男女”是种族的生存。而与此对应的尼采提出的“权力意志”是指万物并不满足于生存，还有主宰一切的欲望。

本书通过“生的智慧”，尤其是通过对宗教信仰的追求与实践，人可以克服意志，战胜欲望，从而最终解脱痛苦。可以说，本书是研究作者哲学思想的必备书目，具有很高的学术价值。

叔本华完成《作为意志和表象的世界》这本书的时候，只有28岁，这部后来影响了包括尼采、瓦格纳、托马斯·曼等哲学家的存在主义的哲学名作，包含了叔本华哲学的一切细节，其后他漫长一生都只不过是在解释或补充这部著作。

《查拉图斯特拉如是说》

《查拉图斯特拉如是说》是尼采的一部巨作，几乎包括了尼采的全部思想。在书中，尼采塑造了一位反基督的形象——查拉图斯特拉。这个形象以一个新价值的创造者的面貌出现。尼采大力宣传这个人的自我超越，并预言将来人们可以不要上帝的帮助便能实现自我与人性。本书以散文诗体写就而成，宣讲“超人哲学”和“权力意志”，扫清基督教造成的精神奴性，在书中尼采宣告上帝死了、让超人出世。

尼采为他这本得意之作起了一个副标题——一本给每个人而又不给任何人的书。海德格尔对此有精辟的理解：“‘给每个人’的意思是给每个作为人的人，这个人的本性在任何时候都会成为他思考的对象。‘而又不给任何人’的意思是，不给那怀着无益的好奇心从随便什么地方施施然飘荡而来的人，他们仅仅使自己陶醉于从这书中找到孤立的片段和卓特的箴言；他们不愿意循着在这里寻求其表达思想的小路上走下去，而只盲目踯躅于它的半是抒情半是嘲骂、忽而温煦忽而狂暴、时常睥睨万物但有时也不免老生常谈的语言。”

尼采曾自称其《查拉图斯特拉如是说》是“给予人类的前所未有的最伟大馈赠”，是“书中的至尊”，在该书面前，“歌德、莎士比亚可能会喘不过气来”。该书在20世纪也被很多人看作“未来人类的《圣经》”，对弗洛依德、里尔克、托马斯·曼、茨威格、海德格尔、福柯、德里达、米兰·昆德拉、王国维、鲁迅等大师级人物的思想和创作产生过重大影响。

第六篇

睿智的哲学名言

第一章
中国哲学名言

老子

道可道，非常道。名可名，非常名。无名天地之始；有名万物之母。

天下皆知美之为美，斯恶已。皆知善之为善，斯不善已。

有无相生，难易相成，长短相形，高下相盈，音声相和，前后相随。恒也。

不尚贤，使民不争；不贵难得之货，使民不为盗；不见可欲，使民心不乱。是以圣人之治，虚其心，实其腹，弱其志，强其骨。常使民无知无欲。使夫智者不敢为也。为无为，则无不治。

天地不仁，以万物为刍狗；圣人不仁，以百姓为刍狗。

多言数穷，不如守中。

天长地久。天地所以能长且久者，以其不自生，故能长生。是以圣人后其身而身先；外其身而身存。非以其无私邪？故能成其私。

上善若水。水善利万物而不争，处众人之所恶，故几于道。

居善地，心善渊，与善仁，言善信，政善治，事善能，动善时。夫唯不争，故无尤。

持而盈之，不如其已；揣而锐之，不可长保。金玉满堂，莫之能守；

富贵而骄，自遗其咎。功遂身退，天之道也。

五色令人目盲；五音令人耳聋；五味令人口爽；驰骋畋猎，令人心发狂；难得之货，令人行妨。是以圣人为腹不为目，故去彼取此。

宠辱若惊，贵大患若身。

太上，不知有之；其次，亲而誉之；其次，畏之；其次，侮之。信不足焉，有不信焉。

大道废，有仁义；智慧出，有大伪；六亲不和，有孝慈；国家昏乱，有忠臣。

绝圣弃智，民利百倍；绝仁弃义，民复孝慈；绝巧弃利，盗贼无有。此三者以为文，不足。故令有所属：见素抱朴，少思寡欲，绝学无忧。

人之所畏，不可不畏。

俗人昭昭，我独昏昏。俗人察察，我独闷闷。

曲则全，枉则直，洼则盈，敝则新，少则多，多则惑。

是以圣人抱一为天下式。不自见，故明；不自是，故彰；不自伐，故有功；不自矜，故长。夫唯不争，故天下莫能与之争。

希言自然。故飘风不终朝，骤雨不终日。

企者不立；跨者不行；自见者不明；自是者不彰；自伐者无功；自矜者不长。

重为轻根，静为躁君。轻则失根，躁则失君。

物壮则老，是谓不道，不道早已。

夫兵者，不祥之器，物或恶之，故有道者不处。

知人者智，自知者明。胜人者有力，自胜者强。知足者富。强行者有志。不失其所者久。死而不亡者寿。

以其终不自为大，故能成其大。

将欲歙之，必故张之；将欲弱之，必故强之；将欲废之，必故兴之；将欲取之，必故与之。是谓微明。

柔弱胜刚强。鱼不可脱于渊，国之利器不可以示人。

道常无为而无不为。

夫礼者，忠信之薄，而乱之首。

天下万物生于有，有生于无。

为学日益，为道日损。损之又损，以至于无为。

无为而无不为。取天下常以无事，及其有事，不足以取天下。

圣人常无心，以百姓心为心。

出生入死。生之徒，十有三；死之徒，十有三；人之生，动之于死地，亦十有三。

道之尊，德之贵，夫莫之命而常自然。故道生之，德畜之；长之育之；成之熟之；养之覆之。生而不有，为而不恃，长而不宰。是谓玄德。

为无为，事无事，味无味。

图难于其易，为大于其细；天下难事，必作于易，天下大事，必作于细。是以圣人终不为大，故能成其大。

夫轻诺必寡信，多易必多难。是以圣人犹难之，故终无难矣。

合抱之木，生于毫末；九层之台，起于累土；千里之行，始于足下。

孔子

士志于道，而耻恶衣恶食者，未足与议也。

发愤忘食，乐以忘忧、不知老之将至。

饭疏食、饮水，曲肱而枕之，乐亦在其中矣。不义而富且贵，于我如浮云。

贤哉，回也！一箪食，一瓢饮，在陋巷，人不堪其忧。回也不改其乐。

富与贵，是人之所欲也；不以其道得，之不处也。贫与贱，是人之所恶也；不以其道得，之不去也。

富而可求也，虽执鞭之士，吾亦为之。如不可求，从吾所好。

有朋自远方来，不亦乐乎？

见利思义，见危授命。

修己以敬……修己以安人……修己以安百姓。

可以托六尺之孤，可以寄百里之命，临大节而不可夺也。

志士仁人，无求生以害仁，有杀身以成仁。

君子疾没世而名不称焉。

夫达也者，质直而好义。察言而观色，虑以下人。

君子泰而不骄，小人骄而不泰。

君子易事而难说（悦），说（悦）之不以道，不说（悦）也。

君子之仕也，行其义也。

子谓子产。有君子之道四焉：其行己也恭，其事上也敬，其养民也惠，其使民也义。

君子和而不同，小人同而不和。

君子矜而不争，群而不党。

君子周而不比，小人比而不周。

君子坦荡荡，小人常戚戚。

仁者不忧，知者不惑，勇者不惧。

放于利而行，多怨。

求仁而得仁，又何怨。

质胜文则野，文胜质则史。文质彬彬，然后君子。

君子谋道不谋食，君子忧道不忧贫。

见善无不及，见不善如探汤。

君子尊贤而容众，嘉善而矜不能。

士而怀居，不足为士矣！

不学礼，无以立。

己所不欲，勿施于人。

己欲立而立人，己欲达而达人。

躬自厚而薄责于人，则远怨矣。

见贤思齐焉，见不贤而内自省也。

三人行，必有我师焉，择其善者而从之，择其不善者而改之。

吾日三省吾身：为人谋而不忠乎？与朋友交而不信乎？传不习乎？

居处恭，执事敬，与人忠。

君子敬而无失，与人恭而有礼，四海之内皆兄弟也，

言忠信，行笃敬，虽蛮貊之邦，行矣。言不忠信，行不笃敬，虽州里，行乎哉？

行己有耻，使于四方，不辱君命，可谓士矣。

孔子曰："能行五者于天下为仁矣。"请问之。曰："恭、宽、信、敏、惠。恭则不侮，宽则得众，信则人任焉，敏则有功，惠则足以使人。"

君子义以为质，礼以行之，孙以出之，信以成之。君子哉！

过而不改，是谓过矣！

三军可夺帅也，匹夫不可夺志也！

人无远虑，必有近忧。

无欲速，无见小利。欲速，则不达；见小利，则大事不成。

士不可不弘毅，任重而道远。仁以为己任，不亦重乎？死而后已，不亦远乎？

执德不弘，信道不笃，焉能为有，焉能为亡。

与朋友交，言而有信。

以文会友，以友辅仁。

益者三友，损者三友。友直，友谅，友多闻，益矣。友便辟，友善柔，友便佞，损矣。

君子欲讷于言而敏于行。

君子食无求饱，居无求安，敏于事而慎于言，就有道而正焉，可谓好学也已。

巧言乱德。

巧言令色，鲜矣仁。

刚、毅、木、讷近仁。

有德者必有言，有言者不必有德。

可与言而不与之言，失人；不可与言而与之言，失言。知者不失人，亦不失言。

言未及之而言谓之躁，言及之而不言谓之隐，未见颜色而言谓之瞽。

好仁不好学，其蔽也愚；好知不好学，其蔽也荡；好信不好学，其蔽也贼；好直不好学，其蔽也绞；好勇不好学，其蔽也乱；好刚不好学，其蔽也狂。

庄子

天地有大美而不言，四时有明法而不议，万物有成理而不说。圣人者，原天地之美而达万物之理。

凡人心险于山川，难于知天。

忘其肝胆，遗其耳目，茫然彷徨乎尘垢之外，逍遥乎无事之业，是谓为而不恃，长而不宰。

日出而作，日入而息，逍遥于天地之间，而心意自得。

不乐寿，不哀夭，不荣通，不丑穷，不拘一世之利以为己私分，不以王天下为已处显。显则明。万物一府，死生同状。

人生天地之间，若白驹过隙，忽然而已。

夫相收之与相弃亦远矣，且君子之交淡若水，小人之交甘若醴。君子淡以亲，小人甘以绝。

凤兮凤兮，何德之衰也。来世不可待，往世不可追也。天下有道，圣人成焉；天下无道，圣人生焉。

好面誉人者，亦好背而毁之。

哀莫大于心死，而人死亦次之。

吾以天地为棺椁，以日月为连璧，星辰为珠玑，万物为赍送。吾葬具岂不备邪？

巧者劳而知者忧，无能者无所求。饱食而遨游，泛若不系之舟，虚而遨游者也。

夫大块载我以形，劳我以生，佚我以老，息我以死。故善生者，乃所以善死也。

甘其食，美其服，乐其俗，安其居，邻国相望，鸡犬之音相闻，民至老死而不相往来。

夫恬淡寂寞，虚无无为，此天地之平，而道德之质也。

众人重利，廉士重名，贤人尚志，圣人贵精。

丧己于物，失性于俗者，谓之倒置之民。

髑髅曰："死，无君于上，无臣于下；亦无四时之事，从然以天地为春秋，虽南面王乐，不能过也。"

荃者所以在鱼，得鱼而忘荃；蹄者所以在兔，得兔而忘蹄；言者所以在意，得意而忘言。吾安得夫忘言之人而与之言哉！

形在江海之上，心存魏阙之下，故寂然凝虑，思接千载，悄然动容，视通万里。

井蛙不可以语于海，夏虫不可以语于冰。

同类相从，同声相应，固天理也。

节饮食以养胃，多读书以养胆。

谋无主则困，事无备则废。

真者，精诚之至也。不精不诚，不能动人。

鹏之徙于南冥也，水击三千里，抟扶摇而上者九万里，去以六月息者也。

朝菌不知晦朔，蟪蛄不知春秋。

且举世而誉之而不加劝，举世而非之而不加沮，定乎内外之分，辩乎荣辱之境，斯已矣。

至人无己，神人无功，圣人无名。

鹪鹩巢于深林，不过一枝；偃鼠饮河，不过满腹。

庖人虽不治庖，尸祝不越樽俎而代之矣。

瞽者无以与乎文章之观，聋者无以与乎钟鼓之声。岂唯形骸有聋盲哉？夫知亦有之。

大知闲闲，小知间间。大言炎炎，小言詹詹。

道隐于小成，言隐于荣华。

方生方死，方死方生；方可方不可，方不可方可。

彼亦一是非，此亦一是非。

夫天下莫大于秋豪之末，而太山为小；莫寿乎殇子，而彭祖为夭。天地与我并生，而万物与我为一。

方其梦也，不知其梦也。梦之中又占其梦焉，觉而后知其梦也。

昔者庄周梦为胡蝶，栩栩然胡蝶也。自喻适志与！不知周也。俄然觉，则蘧蘧然周也。不知周之梦为胡蝶与？胡蝶之梦为周与？周与胡蝶则必有分矣。此之谓物化。

吾生也有涯，而知也无涯。以有涯随无涯，殆已；已而为知者，殆而已矣。

为善无近名，为恶无近刑，缘督以为经，可以保身，可以全生，可以养亲，可以尽年。

安时而处顺，哀乐不能入也。

无听之以耳而听之以心；无听之以心而听之以气。

人莫鉴于流水而鉴于止水。

泉涸，鱼相与处于陆，相呴以湿，相濡以沫，不如相忘于江湖。

孟子

尽信书，不如无书。

生于忧患，死于安乐。

得道者多助，失道者寡助。

民为贵，社稷次之，君为轻。

人有不为也，而后可以有为。

穷则独善其身，达则兼济天下。

天时不如地利，地利不如人和。

子登东山而小鲁，登泰山而小天下。

富贵不能淫，贫贱不能移，威武不能屈，此之为大丈夫。

不以规矩，不成方圆。

权，然后知轻重；度，然后知长短。

人有不为也，而后可以有为。

虽有天下易生之物，一日暴之，十日寒之，未有能生者也。

其进锐者，其退速。

心之官则思，思则得之，不思则不得也。

长幼有序。

老吾老，以及人之老；幼吾幼，以及人之幼。天下可运于掌。

孝子之至，莫大乎尊亲。

惟孝顺父母，可以解忧。

父子有亲，君臣有义，夫妇有别，长幼有序，朋友有信。

事，孰为大？事亲为大；守，孰为大？守身为大。不失其身而能事其亲者，吾闻之矣；失其身而能事其亲者，吾未闻也。孰不为事？事亲，事之本也；孰不为守？守身，守之本也。

仁之实，事亲是也；义之实，从兄是也。

不得乎亲，不可以为人；不顺乎亲，不可以为子。

君子有三乐，而王天下不与存焉。父母俱存，兄弟无故，一乐也；仰不愧于天，俯不怍于人，二乐也；得天下英才而教育之，三乐也。

世俗所谓不孝者五，惰其四支，不顾父母之养，一不孝也；博弈好饮酒，不顾父母之养，二不孝也；好货财，私妻子，不顾父母之养，三不孝也；从耳目之欲，以为父母戮，四不孝也；好勇斗狠，以危父母，五不孝也。

无父无君，是禽兽也。

乐民之乐者，民亦乐其乐；忧民之忧者，民亦忧其忧，乐以天下，忧以天下，然而不王者，未之有也。

易经

天行健，君子以自强不息。地势坤，君子以厚德载物。

积善之家，必有余庆；积不善之家，必有余殃。

善不积，不足以成名；恶不积，不足以灭身。

易，穷则变，变则通，通则久。

《易》之为书也不可远，为道也屡迁，变动不居，周流六虚，上下无常，刚柔相易，不可为典要，唯变所适。

一阴一阳之谓道。

立天之道曰阴与阳，立地之道曰柔与刚，立人之道曰仁与义。

君子学以聚之，问以辩之，宽以居之，仁以行之。

居上位而不骄，在下位而不忧。

仁者见之谓之仁，智者见之谓之智。

物以类聚，人以群分。

同声相应，同气相求。

墨子

见贤而不急，则缓其君矣。非贤不急，非士无与虑国。

非无安居也，我无安心；非无足财也，我无足心也。

志不强者智不达，言不信者行不果。

天之行广而无私，其施厚而不德，其明久而不衰，故圣王法之。

食者，国之宝也，兵者，国之爪也，城者，所以自守也。此三者，国之具也。

仁人之所以为事者，心兴天下之利，除去天下之害，以此为事者也。

夫爱人者，人亦从而爱之；利人者，人亦从而利之；恶人者，人亦从而恶之；害人者，人亦从而害之。

董仲舒

常玉不琢，不成文章；君子不学，不成其德。

质朴之谓性，性非教化不成。

道源出于天，天不变，道亦不变。

是故善为师者，既美其道，有慎其行。

仁之法，在爱人，不在爱我；义之法，在正我，不在正人。

事在勉强而矣，勉强求学则见闻广而智力明，勉强修养，则德日起而大有功。

王充

德不优者，不能怀远；才不大者，不能博见。

辩者，求服人心也，非屈人口也。

人有知学，则有力矣。

人之不学，犹谷未成粟，米未成饭也。

事莫明于有效，论莫定于有证。

不学自知，不问自晓，古今行事，未之有也。

朱熹

一粥一饭，当思来处不易。半丝半缕，恒念物力维艰。

活到老，学到老。

少年易学老难成，一寸光阴不可轻。

日省其身，有则改之，无则加勉。

问渠那得清如许，为有源头活水来。

施惠勿念，受恩莫忘。凡事当留余地，得意不宜再往。

勿谓今日不学而有来日，勿谓今年不学而有来年。日月逝矣，岁不我延。

王夫之

学易而好难，行易而力难，耻易而知难。

情之所至，诗无不至；诗之所至，情以之至。

论天下者，必循天下之公。

身教重于言传。

人之所以异于禽者，唯志而已矣！

人之初生，不食则死；人之幼稚，不学则愚。

行可兼知，然知不可兼行。君子之学，未尝离行以为知也必矣。

第二章
外国哲学名言

苏格拉底

我们的需要越少，我们越近似上帝。

神灵为自己保留了那对于最为重要的东西的认识。

想左右天下的人，须先能左右自己。

认识自己，方能认识人生。

美是难的。

别人为食而生存，我为生存而食。

智慧意味着自知无知。

我平生只知道一件事，我为什么是那么无知。

这个世界上有两种人，一种是快乐的猪，一种是痛苦的人。做痛苦的人，不做快乐的猪。

如果把世上每一个人的痛苦放在一起，再让你去选择，你可能还是愿意选择自己原来的那一份。

男人活着全靠健忘，女人活着全靠牢记。

唯有理智最为可贵。

我非常清楚地知道，我并没有智慧，不论大的还是小的都没有。

教育是把我们的内心勾引出来的工具和方法。

最有效的教育方法不是告诉人们答案，而是向他们提问。

要想向我学知识，你必须先有强烈的求知欲望，就像你有强烈的求生欲望一样。

思想应当诞生在学生的心里，教师仅仅应当像助产士那样办事。

每个人身上都有太阳，主要是如何让它发光。

教育不是灌输，而是点燃火焰。

问题是接生婆，它能帮助新思想的诞生。

最优秀的人就是你自己。

知道得越多，才知知道得越少。

我知道自己的无知，我知我无知。

一种未经考察的生活是不值得过的。

在多人之前，吾舌尤健。

暗恋是世界上最美丽的爱情。

不要靠馈赠来获得一个朋友。

告诉我你的朋友，我就知道你是什么样的人。

在这个世界上，除了阳光、空气、水和笑容，我们还需要什么呢！

我去死，你们去活，究竟谁过得更幸福，唯有神知道。或我去死，你们去活，谁的去路好，唯有神知道。

我到处走动，没有做别的，只是要求你们，不分老少，不要只顾你们的肉体，而要保护你们的灵魂。

对哲学家来说，死是最后的自我实现。是求之不得的事，因为它打开了通向真正知识的门。灵魂从肉体的羁绊中解脱出来，终于实现了光明的天国的视觉境界。

凡是原本可以做得更好的，也算是懒！

人可以犯错，但是不可犯同一个错。

在你发怒的时候，要紧闭你的嘴，免得增加你的怒气。

如果我能忍受自己的老婆，也就能忍受任何人了！

好的婚姻仅给你带来幸福，不好的婚姻则可使你成为一位哲学家。

没有人因为知道了善而不向善的。

实验说明，任何一种生理或心理的疾病都能靠吃素和喝纯水而减轻病情。

我不只是雅典的公民，我也是世界的公民。

柏拉图

只要有信心，人永远不会挫败。

生气是拿别人做错的事来惩罚自己。

明天的希望，让我们忘了今天的痛苦。

生活中若没有朋友，就像生活中没有阳光一样。

生活若剥去理想、梦想、幻想，那生命便只是一堆空架子。

发光并非太阳的专利，你也可以发光。

愚者用肉体监视心灵，智者用心灵监视肉体。

贪婪是最真实的贫穷，满足是最真实的财富。

获致幸福的不二法门是珍视你所拥有的、遗忘你所没有的。

你可以用爱得到全世界，你也可以用恨失去全世界。

人的价值，在遭受诱惑的一瞬间被决定。

年轻是我们唯一拥有权利去编织梦想的时光。

没有了爱的语言，所有的文字都是乏味的。

真正的爱，应该超越生命的长度、心灵的宽度、灵魂的深度。

不论你在什么时候开始，重要的是开始之后就不要停止。

不论你在什么时候结束，重要的是结束之后就不要悔恨。

人若软弱就是自己最大的敌人。人若勇敢就是自己最好的朋友。

游手好闲会使人心智生锈。

每一件事都要用多方面的角度来看。

“不可能”只存在于蠢人的字典里。

抱最大的希望，为最大的努力，做最坏的打算。

家！甜蜜的家！天下最美好的莫过于家。

有理想在的地方，地狱就是天堂。有希望在的地方，痛苦也成欢乐。

爱的力量大到可以使人忘记一切，却又小到连一粒嫉妒的沙石也不能容纳。

当一个人真正觉悟的一刻，他放弃追寻外在世界的财富，而开始追寻他内心世界的真正财富。

所有的胜利，与征服自己的胜利比起来，都是微不足道的。所有的失败，与失去自己的失败比起来，更微不足道。

当你能飞的时候就不要放弃飞，当你能梦的时候就不要放弃梦，当你能爱的时候就不要放弃爱。

用最少的悔恨面对过去，用最少的浪费面对现在，用最多的梦面对未来。

上帝从不埋怨人们的愚昧，人们却埋怨上帝的不公平。

美好的生命应该充满期待、惊喜和感激。

世上最累人的事，莫过于虚伪地过日子。

觉得自己做得到和做不到，其实只在一念之间。

第一个青春是上帝给的；第二个青春是靠自己努力换来的。

少一点预设的期待，那份对人的关怀会更自在。

思想如钻子，必须集中在一点钻下去才有力量。

人只要不失去方向，就不会失去自己。

如果你曾歌颂黎明，那么也请你拥抱黑夜。

问候不一定要郑重其事，但一定要真诚感人。

人生重要的不是所站的位置，而是所朝的方向。

生命太过短暂，今天放弃了明天不一定能得到。

人总是珍惜未得到的，而遗忘了所拥有的。

快乐要懂得分享，才能加倍的快乐。

自己要先看得起自己，别人才会看得起你。

一个今天胜过两个明天。

要铭记在心：每天都是一年中最美好的日子。

乐观者在灾祸中看到机会；悲观者在机会中看到灾祸。

有勇气并不表示恐惧不存在，而是敢面对恐惧、克服恐惧。

肯承认错误则错已改了一半。

明天是世上增值最快的一块土地，因它充满了希望。

理想的路总是为有信心的人预备着。

所有欺骗中，自欺是最为严重的。

人生最大的错误是不断担心会犯错。

把你的脸迎向阳光，那就不会有阴影。

经验是由痛苦中粹取出来的。

快乐不是因为拥有得多而是计较得少。

你的选择是做或不做，但不做就永远不会有机会。

如你想要拥有完美无瑕的友谊，可能一辈子找不到朋友。

不如意的时候不要尽往悲伤里钻，想想有笑声的日子吧。

把自己当傻瓜，不懂就问，你会学得更多。

要纠正别人之前，先反省自己有没有犯错。

因害怕失败而不敢放手一搏，永远不会成功。

要克服生活的焦虑和沮丧，得先学会做自己的主人。

孤单寂寞与被遗弃感是最可怕的贫穷。

想象力比知识更重要。

漫无目的生活就像出海航行而没有指南针。

一切伟大的行动和思想，都有一个微不足道的开始。

得意时应善待他人，因为你失意时会需要他们。

学做任何事得按部就班，急不得。

亚里士多德

遵照道德准则生活就是幸福的生活。

我爱我师，我更爱真理。

幸福属于满足的人们。

幸福就是至善。

幸福在于自主自足之中。

羽毛相同的鸟，自会聚在一起。

真正的朋友，是一个灵魂孕育在两个躯体里。

事业是理念和实践的生动统一。

教育的根是苦的，但其果实是甜的。

在科学上进步而道义上落后的人，不是前进，而是后退。

人生颇富机会和变化。人最得意的时候，有最大的不幸光临。

人生最终价值在于觉醒和思考的能力，而不只在于生存。

在不幸中，有用的朋友更为必要；在幸运中，高尚的朋友更为必要。在不幸中，寻找朋友出于必需；在幸运中，寻找朋友出于高尚。

谬误有多种多样，而正确却只有一种，这就是为什么失败容易成功难、脱靶容易中靶难。

凡善于考虑的人，一定是能根据其思考而追求可以通过行动取得最有益于人类东西的人。

上帝所做的、胜过一切想象中的幸福行为，莫过于纯粹的思考，而人的行为中最接近这种幸福的东西，也许是与思考最密切的活动。

德可以分为两种：一种是智慧的德，另一种是行为的德，前者是从学习中得来的，后者是从实践中得来的。

人在达到德性的完备时是一切动物中最出色的动物；但如果他一意孤行，目无法律和正义，他就成为一切禽兽中最恶劣的禽兽。

对于美德，我们仅止于认识是不够的，我们还必须努力培养它，运用它，或是采取种种方法，以使我们成为良善之人。

习惯实际上已成为天性的一部分。事实上，习惯有些像天性，因为“经常”和“总是”之间的差别是不大的，天性属于“总是”的范畴，而习惯则属于“经常”的范畴。

真正的美德不可没有实用的智慧，而实用的智慧也不可没有美德。

人类天生是社会性动物。

怜悯是一个人遭受厄运而引起的，恐惧是这个遭受厄运的人与我们相似而引起的。

政治学并不制造人类，然而它使人类脱离了自然，并驾驭他们。

有人问：写一首好诗，是靠天才呢？还是靠艺术？我的看法是：苦学而没有丰富的天才，有天才而没有训练，都归无用；两者应该相互为用，相互结合。

人生最终的价值在于觉醒和思考的能力，而不只在于生存。

德谟克利特

让自己完全受财富支配的人是永不能合乎公正的。

一切都靠一张嘴来做而丝毫不实干的人，是虚伪和假仁假义的。

要留心，即使当你独自一人时，也不要说坏话或做坏事，而要学得在你自己面前比在别人面前更知耻。

如果儿童让自己任意地不论去做什么都不去劳动，他们就既学不会文学，也学不会音乐，也学不会体育，也学不会那保证道德达到最高峰的礼仪。

身体的美，若不与聪明才智相结合，就是某种动物性的东西。

使人幸福的不是体力，也不是金钱，而是正义和多才。

应该尽力于思考得很多，而不是知道得很多。

人们若不互相倾轧，则法律将不必禁止任何人随心所欲的生活了。嫉妒实在是纷扰的源泉。

海水是最纯洁的，又是最不纯洁的。对于鱼，它是能喝的，有益的；

对于人，它是不能喝的，有害的。

不应该追求一切种类的快乐，应该只追求高尚的快乐。

追求美而不亵渎美，这种爱是正当的。

让别人来称赞比自己称赞好。

理想的实现只靠干，不靠空谈。

以无节制的行为违反健康而行事，这就是以自己的情欲背叛了健康。

赞美好事是好的，但对坏事加以赞美则是一个骗子和奸诈的人的行为。

善从何处而来，恶也从何处而生，但避免邪恶的方法也会应运而生。

忘了自己的缺点，就产生骄傲自满。

愚人通过不幸而得到智慧。

单单一个有智慧的人的友谊，要比所有愚蠢的人的友谊还更有价值。

坚定不移的智慧是最宝贵的东西，胜过其余的一切。

智慧有三果：一是思考周到，二是语言得当，三是行为公正。

连一个好朋友都没有的人，根本不值得活着。

心灵应该习惯于从自身中吸取快乐。

西塞罗

仇恨终将泯灭，友谊万古长青。

理智可以说是生命的光和灯。

友谊永远是美德的辅佐。

人世间没有比互相竭尽全心、互相尽力照料更加快乐的了。

我宁愿和柏拉图一起犯错误，也不愿和这些人（毕达哥拉斯信徒）一起正确地思想。

人的正确思想总是同紊乱的思想和生病的肌体一样是不可能健全的。

智者受理智的指导，常人受经验的指导，而野兽受直觉的指导。

政府的行政机构就像一家信托所，须为委托人的利益而不是受委托人的利益去工作。

修养之于心地，其重要犹如食物之于身体。

我们是法律的仆人，以便我们可以获得自由。

智慧是对一切事物产生这些事物的原因的领悟。

严肃的人的幸福，并不在于风流、游乐与欢笑这种种轻佻的伴侣，而在于坚忍与刚毅。

全部依靠自己，自身拥有一切的人，不可能不幸福。

人生的跑道是固定的。大自然只给人一条路线，而这条路线也只能够跑一次。

春是自然界一年中的新生季节，而人生的新生季节，就是一生只有一度的青春。

世界上没有比友谊更美好、更令人愉快的东西了；没有友谊，世界仿佛失去了太阳。

友谊不是别的，而是一种以善意和爱心去连接世上一切神俗事物的和谐。

把友谊归结为利益的人，我认为是把友谊中最宝贵的东西勾销了。

真正的友谊既能容忍朋友提出的劝告，又有使自己接受劝告。

伊壁鸠鲁

快乐没有本来就是坏的，但是有些快乐的产生者却带来了比快乐大许多倍的烦扰。

死不是死者的不幸，而是生者的不幸。

不明智、不健康、不正直地生活是不可能活得愉快的；同样，活得不愉快也就不可能活得明智、健康和正直。

在确保终身幸福的所有努力中，最重要的是结识朋友。

最关于应付对外面敌人的恐惧的是尽量交友；对于不能交为朋友的人，至少要避免和他们结怨；要是连这个也办不到，就要尽可能地避免和他们往来，为自己的利益疏远他们。

谁不知足，谁就不会幸福，即便他是世界的主宰也不例外。

在智慧提供给整个人生的一切幸福之中，以获得友谊最为重要。

友谊真是一种最神圣的东西，不光值得特别推崇，而且值得永远赞扬。

友谊对我们帮助最大的，并不是朋友们的实际帮助，而是我们坚信得到他们的帮助的信念。

毕达哥拉斯

不能制约自己的人，不能称之为自由的人。

要这样生活：使你的朋友不致成为仇人，使你的仇人却成为朋友。

别的动物也都具有智力、热情，理性只有人类才有。

友谊是一种和谐的平等。

培根

读史使人明智，读诗使人灵秀，数学使人严密，物理学使人深刻，伦理学使人庄重，逻辑学、修辞学使人善辩；凡有学者，皆成性格。

一切真正伟大的人物（无论是古人、今人，只要是其英名永铭于人类记忆中的），没有一个因爱情而发狂的人，因为伟大的事业抑制了这种软弱的感情。

礼节要举动自然才显得高贵。假如表面上过于做作，那就丢失了应有的价值。

内容丰富的言辞就像闪闪发光的珠子。真正聪明睿智的却是言辞简短的。

美的至高无上的部分，无法以彩笔描出来。

时间是衡量事业的标准。

一个机敏谨慎的人，一定会交好运。

一般来说，青年人富于“直觉”，而老年人则长于“深思”。

因结婚而产生的爱，造出儿女；因友情而产生的爱，造就一个人。

机会先把前额的头发给你捉而你不捉之后，就要把秃头给你捉了；或者至少它先把瓶子的把儿给你拿，如果你不拿，它就要把瓶子滚圆的身子给你，而那是很难捉住的。在开端起始时善用时机，再没有比这种智慧更大的了。

炫耀于外表的才干陡然令人赞羡，而深藏未露的才干则能带来幸运。

书籍是在时代的波涛中航行的思想之船，它小心翼翼地把珍贵的货物运送给一代又一代。

在一切大事业上，人在开始做事前要像千眼神那样察看时机，而在进行时要像千手神那样抓住时机。

青年人比较适合发明，而不适合判断；适合执行，而不适合磋商；适合新的计划，而不适合固定的职业。

合理地安排时间，就等于节约时间。

由智慧所养成的习惯能成为第二本性。

除了知识和学问之外，世上没有任何其他力量能在人的精神和心灵中，在人的思想、想象、见解和信仰中建立起统治和权威。

残疾人的成功通常不易招致嫉妒。因为他们有缺陷，使人乐于宽忍他们的成功。也常使潜在的对手忽视了他们的竞争和挑战。

当你遭遇挫折而感到愤懑抑郁的时候，向知心挚友的一度倾诉可以使你得到疏导。否则这种积郁使人致病。俗语说，“人总是乐于把最大的奉承留给自己”，而友人的逆耳忠言却可以治疗这个毛病。朋友之间可以从两个方面提出忠告：一是关于品行的，二是关于事业的。

既然习惯是人生的主宰，人们就应当努力求得好的习惯。习惯如果是在幼年就起始的，那就是最完美的习惯，这是一定的，这个我们叫做教育。教育其实是一种从早年就起始的习惯。

真正迅速的人，并非事情仅仅做得快，而是做得成功而有效的人。

实践中的失败主要由于不知道原因而发生，正是在这种情况下人的两种企望：对知识和力量的企望真正相和在一起了。

金钱是品德的行李，是走向美德的一大障碍；因财富之于品德，正如军队与辎重一样，没有它不行，有了它又妨碍前进，有时甚至因为照顾它反而丧失了胜利。

幸运的时机好比市场上的交易，只要你稍有延误，它就将掉价了。

最好的办法是把青年的特点与老年的特点在事业上结合在一起。从现在的角度说，青年可以从老年身上学到他们所不具有的优点，而从社会影响角度来说，有经验的老人执事令人放心，而年轻人的干劲则鼓舞人心，如果说，老人的经验是可贵的，那么青年人的纯真是崇高的。

集体的习惯，其力量更大于个人的习惯。因此如果有一个有良好道德风气的社会环境，是最有利于培训好的社会公民的。

状貌之美胜于颜色之美，而适宜并优雅的行为之美又胜于状貌之美。美中之最上者就是图画所不能表现，初睹所不能见及者。

使人们宁愿相信谬误，而不愿热爱真理的原因，不仅由于探索真理是艰苦的，而且由于谬误更能迎合人类某些恶劣的天性。

习惯真是一种顽强而巨大的力量，它可以主宰人的一生，因此，人从幼年起就应该通过教育培养一种良好的习惯。

人们的举止应当像他们的衣服，不可太紧或过于讲究，应当宽舒一点，以便于工作和运动。

美德有如名香，经燃烧或压抑而其香愈烈：盖幸运最难显露恶德而厄运最能显露美德也。

人的天性虽然是隐而不露的，但却很难被压抑，更很少能完全根绝。即使勉强施压抑，只会使它在压力消除后更加猛烈。只有长期养成的习惯才能多少改变人的天生气质和性格。

缺乏真正的朋友乃是最纯粹最可怜的孤独；没有友谊则斯世不过是一片荒野；我们还可以用这个意义来论“孤独”说，凡是天性不配交友的人其性情可说是来自禽兽而不是来自人类。

凡过于把幸运之事归功于自己的聪明和智慧的人多半结局是不幸的。

人们说得好，真理是时间的女儿，不是权威的女儿。

读书给人以乐趣，给人以光彩，给人以才干。

人们大半是依据他的意向而思想，依据他的学问与见识而谈话，而其行为却是依据他们的习惯。

卢梭

人生的价值是由自己决定的。

节约与勤勉是人类两个名医。

浪费时间是一桩大罪过。

德行啊！你是纯朴的灵魂的崇高科学。

一切学科本质上应该从心智启迪时开始。

成功的秘诀，在永不改变既定的目的。

我们要避免我们的义务与我们的利益发生冲突，避免从别人的灾难中企望自己的幸福。

人是生而自由的，但却无往不在枷锁之中。自以为是其他一切的主人的人，反而比其他一切更是奴隶。

我既找不到一个完全献身于我的朋友，我就必须有些能以其推动力克服我的惰性的朋友。

人们说生命是很短促的，我认为是他们自己使生命那样短促的。由于他们不善于利用生命，所以他们反过来抱怨说时间过得太快；可是我认为，就他们那种生活来说，时间倒是过得太慢了。

你知道用什么方法一定可以使你的孩子成为不幸的人吗？这个方法就是对他百依百顺。

问题不在于告诉他一个真理，而在于教他怎样去发现真理。

做老师的只要有一次向学生撒谎撒漏了底，就可能使他的全部教育成果从此为之毁灭。

问题不在于教他各种学问，而在于培养他爱好学问的兴趣，而且在这种兴趣充分增长起来的时候，教他以研究学问的方法。

在人的生活中最主要的是劳动训练。没有劳动就不可能有正常人的生活。

装饰的华丽可以显示出一个人的富有，优雅可以显示出一个人的趣味，但一个人的健康与茁壮则须由另外的标志来识别，只有在一个劳动者的粗布衣服下面，而不是在嬖幸者的穿戴之下，我们才能发现强有力的身躯。

当一个人一心一意做好事情的时候，他最终是必然会成功的。

散步促进我的思想。我的身体必须不断运动，脑筋才会开动起来。

在寂寞无聊中，一个人才能感到跟关于思想的人在一起生活的好处。

奢侈的必然后果——风化的解体，反过来又引起了趣味的腐化。

要尊重儿童，不要急于对他作出或好或坏的评判。

思考与实用的结合，就能产生明确的概念，就能找到一些简便方法，这些方法的发现激励着自尊心，而方法的准确性又能使智力得到满足，原来枯燥无味的工作，有了简便方法，就令人感兴趣了。

在儿童时期没有养成思想的习惯。将使他从此以后一生都没有思想的能力。

伟大的人是绝不会滥用他们的优点的，他们看出他们超过别人的地方，并且意识到这一点，然而绝不会因此就不谦虚，他们的过人之处愈多，他们愈认识到他们的不足。

怀着善意的人，是不难于表达他对人的礼貌的。

无知的人总以为他所知道的事情很重要，应该见人就讲。但是一个有教养的人是不轻易炫耀他肚子里的学问的，他可以讲很多东西，但他认为还有许多东西是他讲不好的。

凡是教师缺乏爱的地方，无论品格还是智慧都不能充分地或自由地发展。

青年是学习智慧的时期，中年是付诸实践的时期。

社会就是书，事实就是教材。

滥用书籍，则学问死矣。

读书不要贪多，而是要多加思索，这样的读书使我获益不少。

最盲目的服从乃是奴隶们所仅存的唯一美德。

劳动是社会中每个人不可避免的义务。

在人的生活中最主要的是劳动训练。没有劳动就不可能有正常的人的生活。

我深信只有有道德的公民才能向自己的祖国致以可被接受的敬礼。

装饰对于德行也同样是格格不入的，因为德行是灵魂的力量和生气。

向他的头脑中灌输真理，只是为了保证他不在心中装填谬误。

我们手里的金钱是保持自由的一种工具。

在我们中间，谁最能容忍生活中的幸福和忧患，我认为就是受了最好教育的人。

康德

不学会幽默和风趣，人就太苦了。

诚实比一切智谋更好，因为它是智谋的基本条件。

羞怯是大自然的某种秘密，用来抑制放纵的欲望。它顺乎自然的召唤，却永远同善、德行和谐一致。

有两样东西，愈是经常和持久地思考它们，对它们日久弥新和不断增长之魅力以及崇敬之情就愈加充实着心灵：我头顶的星空和我心中的道德律。

谁遇到缺德事不立即感到厌恶，遇到美事不立即感到喜悦，谁就没有道德感，这样的人就没有良心。谁做了缺德事而只害怕被判刑，不由于自己行为不轨而责备自己，而是由于想到痛苦的后果才胆战心惊，这种人也没有良心，而只有良心的表面罢了。但是，谁能够意识到行为本身的缺德程度，而不考虑后果如何，却是有良心的。

当爱情需要我的时候，我没有资格去享用它，当我需要爱情的时候它却离我而去。

我们越是忙越能强烈地感到我们在活着，越能意识到我们生命的存在。

良心是一种根据道德准则来判断自己的本能——它不只是一种能力，它是一种本能。

我不是教给你们哲学，而是教你们如何进行哲学思考。

要评判美，就要有一个有修养的心灵。

工作是使生活得到快乐的最好方法。

没有目标而生活，恰如没有罗盘而航行。

想要成就大事业，要在青春的时候着手。

美，是道德上的善的象征。

活动或运动是人体健康的导师。

人不能被判为奴，他只能自认为奴。

哲学无法教授，哲学永远是思想者的事业。

伏尔泰

我可能不同意你的观点，但我誓死捍卫你说话的权利。

坚强的信心，能使平凡的人做出惊人的事业。

无论天资有多么高，他仍需学会了技巧来发挥那些天资

一个家庭没有书籍，如同一个房间没有窗户。

不经巨大的困难，不会有伟大的事业。

伟大的事业需要始终不渝的精神。

人类最宝贵的财产——自由。

这里是我的心脏，但到处是我的精神。

图书馆是人类知识与谬误的宝库。

即使没有上帝，也要创造一位上帝。

神谕的最了不起的作用在于保证战争的胜利。

预言从来都只是为大人物而作的，小民无此必要。

书读得多而不思考，你会觉得自己知道的很多。书读得多而思考，你会觉得自己不懂的越多。

任何人想以道理晓谕他的同胞，都会受到迫害，除非他是最强者。然而最强者却几乎总是加强无知的锁链，而不是去把它砸断。

笛卡尔

我思想，所以我存在。

要以探求真理为毕生的事业。

一个人为情感所支配，行为便没有自主之权，而受命运的宰割。

当感情只是劝我们去做可以缓行的事的时候，应当克制自己不要立刻作出任何判断，用另一些思想使自己定一定神，直到时间和休息使血液中的情绪完全安定下来。

愈学习，愈发现自己的无知。

所有的好书，读起来就像同过去世界上最杰出的人们谈话。

恐惧的主要原因是惊奇，摆脱它的最好办法是临事先思考，并使自己对所有不测事件（惊奇是由对它们的害怕引起的）有所准备。

阅读所有的优秀名著就像与过去时代那些最高尚的人物进行交谈。而且是一种经过精心准备的谈话。这些伟人在谈话中向我们展示的不是别的，都是他们思想中的精华。

世界之大，而能获得最公平分配的是常识。

仅仅具备出色的智力是不够的，主要的问题是如何出色地使用它。

意志、悟性、想象力以及感觉上的一切作用，全由思维而来。

斯宾诺莎

我把人类在控制和克制感情上的软弱无力称为奴役。因为一个人为感情所支配，便没有自主权，而受命运的宰割。

我们对于情感的理解愈多，则我们愈能控制情感，而心灵感受情感的痛苦也愈少。

自由人最少想到死，他的智慧不是关于死的默念，而是对于生的沉思。

世俗的宗教不外是对教士的尊崇。

只有完全听从理智的指导的人才是自由的人。

凡企图以法律控制全部事物的人，其引起罪恶的机会更多于改正罪恶。

只有少数人知道立法的目的是什么，大多数人虽然为法律所限制，却无法知道立法的目的何在。

蒙田

生命的价值不在于时间的长短，而在于你如何利用它。

我把言谈的优美与雅致看得比话题的分量与深度更重。

生活乐趣的大小是随我们对生活的关心程度而定的。

理智一旦产生，支配它们，那便是美德。

作为一个父亲，最大的乐趣就在于：在其有生之年，能够根据自己走过的路来启发教育子女。

人要有三个头脑，天生的一个头脑，从书中得来的一个头脑，从生活中得来的一个头脑。

我的理性没受过弯曲和折叠的训练，能够那样做的只是我的膝盖。

怯懦是残忍之母。

思想，只有思想，才能辨别是非。

沉默较之言不由衷的话更有益于社交。

孔雀龌龊的双足减损了它的美，辱没了它那令人眼花缭乱的屏翼。

害怕自己会受苦的人，已经遭受他所害怕的痛苦。

英勇是一种力量，但不是腿部和臂部的力量，而是心灵和灵魂的力量，这力量并不存在于战马和武器价值之中，而是存在于我们自身。

极少有几个生活的榜样是完美和纯粹的。

你所说的一切，都应符合你的思想，否则就是恶意欺骗。

在谈话中应声附和是一种全然令人生厌的品性。

物质上的不足是容易弥补的，而灵魂的贫穷则无法补救。

灵魂如果没有确定的目标，它就会丧失自己，因为，俗语说得好，无所不在等于无所在。

黑格尔

凡是存在的都是合理的，凡是合理的都是现实的。

目标有价值，生活才有价值。

人是靠思想站立起来的。

纪律是自由的第一条件。

虽在枷锁之中我也可以是自由的。

人应尊敬他自己，并应自视能配得上最高尚的东西。

在纯粹光明中就像在纯粹黑暗中一样，看不清什么东西。

任性和偏见就是自己个人主观的意见和意向——是一种自由，但这种自由还停留在奴隶的处境之内。

理想的人物不仅要在物质需要的满足上，还要在精神旨趣的满足上得到表现。

只有那些躺在坑里、从不仰望高处的人，才会没有出头之日。

无知者是不自由的，因为和他对立的是一个陌生的世界。

高度革命的思维方法竟达到了极其温和的政治结论。

叔本华

人类幸福的最大敌人是痛苦和无聊。

小人常为伟人的缺点或过失得意。

人只能按照自然所启录的经验来生活。

人生就是痛苦，我们可以把痛苦转化成幸福。

事物本身是不变的，变的只是人的感觉！

“美”是高级的“善”，创造“美”是最高级的乐趣。

肉欲熄灭时，生命的内核也就消逝了，只剩下空壳了。

平庸的人关心怎样耗费时间，有才能的人竭力利用时间。

单个的人是软弱无力的，就像漂流的鲁宾逊一样，只有同别人在一起，他才能完成许多事业。

没有人生活在过去，也没有人生活在未来，现在是生命确实占有的唯一形态。

老年时最大的安慰莫过于意识到，已把全部青春的力量都献给了永不衰老的事业。

读书越多，留存在脑中的东西越少，两者适成反比。读书多，他的脑海就像一块密密麻麻重重叠叠涂抹的黑板一样。

一种纯粹靠读书学来的真理，与我们的关系，就像假肢、假牙、蜡鼻子甚或人工植皮。而由独立思考获得的真理就如我们天生的四肢，只有它们才属于我们。

具有伟大心灵的人，相对于他的心灵来说，永远是王。

愚昧无知如果伴随着富豪巨贾，那就更加降低了其人的身价。

人类所能犯的最大的错误就是拿健康来换取其他身外之物！

一个众人和万物都不曾在他眼里，时时显得仅仅是幻象或幻影的人，是没有哲学才能的。

人一生要做的两件事就是防患于未然和豁然大度。前者是为了使他避免遭受痛苦和损失，后者是为了避免纷争和冲突。

生命是一团欲望，欲望不能满足便痛苦，满足便无聊，人生就在痛苦和无聊之间摇摆。

人们为一个人的死亡感到恐惧和悲伤，因为死亡意味着对世界上发生的事情将无法再去经历感受，将会对一切失去感知，活着的时候发生的一切将会化归为零！

一个人照镜子时，永远不会以陌生人的眼光来审视自己，他的自我意识只会不停地低声提醒自己：我看到的不是另一个自我，而是我的自我。

在文学中，有无数的坏书，像蓬勃滋生的野草，伤害谷物，使它们枯死。

它们原是为贪图金钱，营运官职而写作，却使读者浪费时间、金钱和精神，使他们不能读好书、做高尚的事情。因此，它们不但无益，而且危害甚大。

欲望是人的痛苦根源，因为欲望永不能被满足，我们离理想越远，自然就会离欲望越近。在现实生活中，我们常常迷失在理想与欲望之中，将欲望的东西当做理想，这是因为它们有时实在太近，近到只有一线之隔，或者说欲望是感性的，而理想是理性的。

尼采

上帝死了，要重新评价一切。

超人即是海洋，你们的伟大轻蔑会在海中沉没。

人之所以伟大，是因为他是一座桥梁，而非目的。

人人需求同一，人人都是一个样，谁若感觉不同，谁就进疯人院。

人是一根绳索，连接在动物与超人之间——绳索悬于深渊上方。

当心！他一沉思，就立即准备好了一个谎言。

要破坏一件事，最刁钻的办法是：故意用歪理为这事辩护。

人们视需要为事物发生之因，其实，它往往是事物发生之果。

鄙薄自己的人，却因此而作为鄙薄者，尊重自己。

要填饱肚子，是人不能那么容易地把自己看做上帝的原因。

人要么永不做梦，要么梦得有趣；人也必须学会清醒：要么永不清醒，要么清醒得有趣。

自从厌倦于追寻，我已学会一觅即中；自从一股逆风袭来，我已能抗御八面来风，驾舟而行。

许多东西被我抛却，故而被诸君视为傲慢；若从外溢的酒杯里豪饮，难免洒落许多佳酿，故不要怀疑酒的质量。

我们为自己创造了一个适于生活的世界，接受了各种体线面，因与果，动与静，形式与内涵。若是没有这些可信之物，则无人能坚持活下去！不过，那些东西并未经过验证。生活不是论据，生存条件也许原本就有错误。

哪里有统治，哪里就有群众；哪里有群众，哪里就需要奴性；哪里有奴性，哪里就少有独立的个人；而且，这少有的个人还具备那反对个体的群体直觉和良知呢。

哪里缺乏意志，哪里就急不可待地需要信仰。意志作为命令的情感，是自主和力量的最重要标志。

若不是在通向知识的道路上，有如此多的羞愧要加以克服，知识的魅力便会很小。

“哪里有知识之树，哪里就有天堂”——最古老和最现代的毒蛇都这样说。

克服一种感情的意志，最终只是另一种感情或另外若干种感情的意志。

由感觉产生一切信任，一切坦然的心境，一切真理的证据。

高贵的灵魂，是自己尊敬自己。

赞扬比责备有更多的强加于人的成分。

赞美使一些人变得谦逊，使另一些人变得无礼。

人最终喜爱的是自己的欲望，不是自己想要的东西！

人们不相信聪明人会做蠢事：人的权利竟丧失到了如此地步！

其他人的虚荣心只有在和我们的虚荣心相反时，才会令我们反感。

我们越是接近事物的起源，事物对于我们就越是变得兴味索然。

较为相同，较为普遍的人，一向是占有优势，较为杰出的，较为高雅的较为独特的和难于理解的人，则往往孑然独立；他们常常在孤独中死于偶然事件，很少能繁衍下去。

谁不想看一个人的高度，而只是睁大眼睛注视此人身上的那些明显的低处——谁就会由此而将自己暴露无遗。

一些人统治是由于他们愿意统治；另一些人统治是因为他们不愿意被人统治——对于他们来说，统治不过是两害中之轻者。

我走在命运为我规定的路上 / 虽然我并不愿意走在这条路上 / 但是我除了满腔悲愤地走在这条路上 / 别无选择

千万不要忘记。我们飞翔得越高，我们在那些不能飞翔的人眼中的形象越是渺小。

致孤独者——如果我们在我们一个人独处时不能像我们在大庭广众之下时那样尊重别人的荣誉，那我们就算不上正人君子。

我的灵魂平静而明亮，宛若清晨的群山。可是他们认为，我冷酷，是开着可怕玩笑的嘲讽者。

人的生存是可怕的，且总无意义：一个搞恶作剧的人可能成为它的厄运。我要向人们讲授生存的意义，这意义就是超人，是乌云里的闪电。

不要再把头埋进天堂这类东西的沙滩里，而要使头自由，使这颗尘世头颅为尘世创造意义！

萨特

他人就是地狱。

世界是荒谬的，人生是痛苦的。

人首先是个把自我向着一个未来推进而且知道自己正是这样做的生物。

我是在书堆中开始我的生活的，就像毫无疑问地也要在书堆中结束我的生命一样。

他比我大两岁——他从这两年中已赚到不少好处。

在我们之间存在着必要的爱情；但同时我们也认识到，需要偶然的爱情。

我自称是受百姓拥护的救星，其实私下里为了我自己得救。

内心贫乏和感到自己无用，促使我抓住英雄主义舍不得放下。

而这一感情究竟能持续多久，不应受到感情以外的因素，诸如法律的干扰。

把艺术作品看作超验的成果，以为每件作品的产生都有益于世人。

罗素

不用盲目地崇拜任何权威，因为你总能找到相反的权威。

凡事不要抱绝对肯定的态度。

科学使我们为善或为恶的力量都有所提升。

广义地说，最渴望权力之人就是最可能获得权力之人。

乞丐并不会妒忌百万富翁，但是他肯定会妒忌收入更高的乞丐。

青年时期是豁达的时期，应该利用这个时期养成自己豁达的性格。

许多人宁愿死，也不愿思考，事实上他们也确实至死都没有思考。

我的人生正是：使事业成为喜悦，使喜悦成为事业。

从每天上学的时间看，中国儿童最有思想。

一部分儿童具有思考的习惯，而教育的目的在于铲除他们的这种习惯。

即使真相并不令人愉快，也一定要做到诚实，因为掩盖真相往往要费更大力气。

不要为自己持独特看法而感到害怕，因为我们现在所接受的常识都曾是独特看法。

这个世界最大的麻烦，就在于傻瓜与狂热分子对自我总是如此确定，而智者的内心却总充满疑惑。

科学是那些我们已经知道的东西，哲学是那些我们还不知道的东西。哲学是我们可以胡说八道的一种特殊权力。哲学是有道理的猜想。

维特根斯坦

凡能够说的，都应当说清楚；凡不能够说的，就应当保持沉默。

世界的意义必定在世界之外。

事实的逻辑图像是思想。

世界就是一切发生的事情。

世界是事实的总和，而不是事物的总和。

哲学的目的是使思想在逻辑上清晰。

哲学不是一套学说，而是一种活动。哲学的主要工作是解释。

理解一个命题的含义也就是知道它的真假问题是如何被确定的。

确实有不能讲述的东西。它们使自己表现出来，它们是神秘的东西。

世界上的事物是怎样存在的这一点并不神秘，神秘的是它是那样存在的。

幸福、和谐的生活的客观标志是什么？不可能有任何这种可以描述的，这也很清楚。这个标志不可能是一个物质的标志，而只能是一个形而上学的标志，一个先验的标志。

第七篇

有趣的哲学故事

第一章
中国哲学故事

紫气东来

老子在 70 多岁时，天下大乱，诸侯争夺地盘和权位，战争频发，老子预想到将发生更大的战乱，遂辞官不做，骑着一头青牛，离开了洛阳向西走去。

一个清晨，函谷关善观天象的关令尹喜突然看到东方紫气氤氲，知有圣人将至，便出关相迎。不久，果然见一个道骨仙风的老者骑着青牛悠悠而来，这就是老子。尹喜把老子留下来，请他做篇文章再走，老子就写了一篇专门讲“道”和“德”的文章，5000 字左右，后来人们把这篇文章印成书，书名就叫《老子》，又叫《道德经》。老子写完文章后，骑着青牛继续向西走，后来不知所终，遂有“紫气东来”之说。

马吃禾苗

孔子在路边休息。驾车的马松了缰绳，跑去吃了别人的庄稼。那户种田的人就把孔子的马牵走了。子贡经孔子允许，前去索要马匹，子贡像搞外交似的，运用辞令，说得文绉绉的。那个种田人根本听不进去，也不肯把马还给子贡。子贡只好回来向孔子复命。

这时，孔子一行人中有一个刚刚拜孔子为师的村野之人，他请求孔子允许他前去索要马。他走过去对那种田人不客气地说："你也不是把地种到了东海上边，我也不是在东海里走路，活人总是要碰面的嘛！我的马怎么能不吃你的禾苗呢？"那个种田人听了这话挺高兴，回答说："说话要是都像你这么说就好了，多有说服力呀！哪能像刚才来的那个人那样呢，说了半天话也没说明白。"说着，就解开拴马的缰绳，把马交给了来人。

孔子学琴

孔子跟师襄子学习弹琴，一连十天，没有再学新的内容。师襄子说："可以学习新的内容啦。"孔子回答："我虽然练习这支曲子，但是它的技巧还没有掌握。"

过了一段时间，师襄子说道："它的技巧你已经掌握了，可以学习新的内容了。"孔子回答说："我还没有领悟出它的主旨呢。"

又过了一段时间，师襄子说道："现在乐曲的主旨你已经领悟到了，可以学习新的内容了。"孔子回答说："我还没有体察到作曲者的境界呢。"

又过了一段时间，在弹奏中，孔子由于受到乐曲的感染，有时进入深沉的境界，有时感到心旷神怡，胸襟开阔。于是孔子说道："我体察到作曲者的境界了。他肤色黝黑，身材魁梧，眼光明亮而高瞻远瞩，好像有统治天下的帝王气魄。除了文王，谁还能创作出这样的乐曲呢！"师襄子听了，立刻从坐席上起来，向孔子施礼道："我的老师曾经告诉过我，这正是文王谱写的《文王操》啊！"

孔子绝粮

孔子周游列国，希望能找到一个贤明的君主采用他的主张，施行仁政。但是他东奔西跑好多年，始终得不到重用。于是便在陈国和蔡国之间暂时住下来。

恰好楚国派人来，聘请他到楚国去任职，孔子很高兴，正准备动身去楚国，谁知第二天，孔子和他的弟子被陈国和蔡国的军队围困起来了。原来，陈国和蔡国听说楚国聘请孔子，楚国是大国，孔子又是贤人，他们怕孔子被楚国任用，将来他们这些邻近楚国的小国，可要遭殃了。于是两国便派兵把他们围了起来，既不杀害，也不关押，就只想活活饿死他们。

就这样一直被困了七天，头两天，他们的粮食就吃光了，后面那几天每天只能吃两顿野菜汤，连粒米都很难见到。大家都饿得头晕眼花，脸有菜色，精神不振。一天晚上，大家吃过晚饭——每人喝了半碗藜藿汤，都浑身乏力地躺在席子上休息。孔子坐在自己的屋子里弹琴。

正在这时，忽然从大门外闯进来一个陌生人，身高九尺，头戴一顶草帽，身穿一件皂罗袍，一进门就叽里咕噜大喊大叫，屋子里的人都吓了一跳。子贡第一个爬起来，披上衣服跳出去，大喝一声："来者何人？"那怪人却不说话，一对浑浊的眼睛发着绿光，死死盯着子贡。子贡浑身的汗毛都倒竖起来，冷不防那怪人忽地伸出一双毛茸茸像树桩一样粗壮的手，抓住子贡的手臂，呼啦一下拖过来往左一甩，顺势夹在自己腋窝下，转身就跑。子贡吓得大声呼救。

子路提着宝剑跳出来，跟怪人打起来，哪知道怪人始终把子贡挡在身前。子路生怕伤了子贡，只好扔了宝剑，徒手来抢子贡，拽来拽去，总算凭着自己力气大，把子贡给抢了过来。子路把子贡放在席子上，马上又跳出去，赤手空拳跟那个怪人斗起来。斗来斗去，始终不分胜负。子路虽然力大，但是那个怪人身体却非常灵活，浑身滑溜异常，子路怎么都抓不住他。这时孔子和其他的弟子早已经出来，站在庭阶上观战。

孔子见那怪人的腋窝总是一张一合，心里奇怪。又仔细观察琢磨了好一会，终于看出一点端倪，于是对子路喊道："把手伸进腋窝，抓住他，别让他跑了！"果然，子路趁他稍一疏忽，"呼"地一下把手伸进那个怪人的腋窝，抓住他的肋骨，狠命往地上一甩，再用脚死死踩在那怪人脖子上。过了一会儿，那怪人不动了，再仔细一看，原来并不是人，却是一条大鲢鱼，足足有九尺长。子路抓住的，原来是他的腮帮子，两边那两条鳍，可能就是战斗的胳膊。孔子走下去仔细看了好久，长叹一声说："这大鲢鱼只怕是成了精了。可能因为我正在倒霉，它才跑来趁火打劫。不过咱们这几天也饿坏了，这妖怪正好做我们的粮食，我们把它煮了吃了，没什么可怕的！"孔子和弟子吃了鲢鱼之后，不但没出问题，还浑身是劲，精神焕发。陈国和蔡国的军队看他们被围困了七天，不但没死，还越活越精神，终于无计可施，只好解了围让他们离去。

自得其乐

荣启期是春秋战国时期很有名的隐士，在动乱的年代里，这位老庄的信徒相信无为而治，在自然中寻求自己的安宁和满足。他隐居山林，自给自足。当儒士策士们为了自己的观念和名利积极进取入世，穿梭在各国之间时，荣启期安守清寒，自得其乐。

一天，荣启期刚刚做完自己田地里的工作，然后开心地在郊野中行走。他穿着粗糙的皮衣，腰里系着一根绳子，邋里邋遢的；他面目清瘦，肤色黝黑，一看就是终年辛苦劳作的人。可是他却愉快地一面弹琴，一面唱歌，无忧无虑的。

荣启期走到半路上遇见了游历各国的孔子，孔子看着他的行状，有些不理解，问道："您这样贫穷却又如此快乐，这是为什么呢？"

荣启期回答说："我快乐的原因太多啦，大自然孕育各种飞禽走兽、昆虫鱼虾，只有人最尊贵，我能够做人，这是第一快乐；人有男女之分，男的尊贵，女的卑贱，我生为男人，这是第二快乐；人生下来，有的没有看到日月便夭折，有的还没有脱离母亲的怀抱便短命而亡，我却活到90岁了，这是第三种快乐。贫穷是人的一般情况，死亡是人的必然结果，人们害怕恐惧的不过是人生的一般情况和最终的结果罢啦。我之所以可以如此安然地面对，也不过是安于一般情况，等待必然结果，还有什么忧虑呢？"

孔子说："好呀，你真是一个能够宽解自己的人。"

庄周梦蝶

贫困潦倒的庄子，闲来四处走动，想找一处安宁的地方，平心静气，摒除杂念，专心致志地入定修道。走着走着，庄子来到了一片草地上，这里鸟语花香，环境清幽。四周的花开得十分灿烂，一阵清风吹过，空气中弥漫着甜美的香气。蜜蜂嗡嗡作响，蝴蝶翩翩飞舞，微风拂面，好不惬意。庄子静静地坐在草地上，心神愉悦地闭上眼，感受这难得的舒适和安宁。

坐着坐着，庄子睡着了，他做了一个梦，梦见自己也变成了一只美丽的蝴蝶，他不敢相信地拍拍自己的翅膀，果然飞起来了，他飘飘然，十分开心。这时候他根本就忘了自己是庄周，是人世里看来微不足道的一个人。他在山川林间、在树丛中、在花草上无拘无束地飞翔，欢天喜地，自由自在。他更喜欢自己变成蝴蝶的生活，一会儿站在花蕊上汲汲香喷喷的花粉，向各色鲜花伸展翅膀微笑，一会儿向下飞，歇在草尖上采露水，露珠晶莹剔透，一颗一颗在草间滚动，他就追赶着露珠快乐地嬉戏。累了就扑翅于树林绿叶间，歇歇脚，聆听清风吹拂林间发出的沙沙声。他完全沉醉在成为蝴蝶的事实中，根本记不得自己姓甚名谁，身在何处。

过了不久，庄子醒过来了，他睁开眼，看到自己还是俗尘凡人，身在这人世间，并没有变做蝴蝶，长出翅膀。他方才醒觉刚才的一切只不过是一场梦。只是梦中的景象太真实，太美好，一切历历在目。在一般人看来，一个人在醒时的所见所感是真实的，梦境是幻觉，是不真实的。庄子却以为不然。虽然，醒是一种境界，梦是另一种境界，二者是不相同的；庄周是庄周，蝴蝶是蝴蝶，二者也是不相同的。但是庄周与蝴蝶有分别吗？他们都只是一种现象，是“道”运动中的一种形态，一个阶段而已。所以，庄子不由自主地疑惑着：究竟是庄周做梦变成了蝴蝶呢？还是蝴蝶做梦变成了庄周呢？

庖丁解牛

庖丁是有名的厨师，他杀牛又快又轻，当时梁惠王听说庖丁杀牛有一手，就命人请他来给自己表演一下。有人为庖丁牵来一头十分强壮的牛，只见庖丁围着这头牛看了看，然后迅速提刀，眨眼工夫就把牛杀了，刚才还是活蹦乱跳的一头牛，霎时间就成了一堆肉。在场的所有人都瞪大了眼睛，他们还没看清楚庖丁怎么动刀，牛已经杀完了，不禁大吃一惊，不住地叫好。庖丁杀完牛很悠然地站在一旁，丝毫没有疲倦的意思。

梁惠王对庖丁熟练的技术大加赞赏，问他说：“哎呀，太棒了，简直太神奇了！为什么你的技术能够达到如此纯熟的地步呢？”庖丁放下手中的刀，说：“大王，我干杀牛这个行当已经快30年了，每天都干这种活。时间长了，干得多了，自然熟能生巧啊。现在我老了，动作还慢了不少呢！”梁惠王点头，又继续问道：“为什么那么多宰牛的人，他们中也有不少像你一样干了一辈子，却没有你这么高深的技艺呢？”庖丁说：“大王，我所爱好的是道，已经远远超出了解牛的技术了。当初，我刚刚学习宰牛的时候，我眼中所看到的是一头完整的牛。3年以后，我所见到的就不是完整的一头牛了。如今我用我的精神去感知，而不是用眼睛去看，感官的活动已经停止，只有心神的活动在进行。”梁惠王和旁观的人不甚明了，庖丁继续说：“宰牛宰多了，就了解了牛全身的结构，我按照牛全身的结构，从牛骨头缝隙大的地方进刀，再顺着骨节的缝隙运刀，不曾碰到筋脉经络相连的地方，也不曾碰到附着在骨头上的肉及筋肉聚结的地方，更何况大骨头呢？”梁惠王和大臣们恍然大悟，原来这里面还有这么多深奥的道理啊。

梁惠王又问：“你干了这么久，刀子一定用坏了不少吧？”庖丁说：“不，您看我这把刀用了19年了，还和新的一样锋利。”梁惠王不解地问：“这是怎么回事啊？”庖丁说：“好厨师一年换一把刀，因为他们用刀割肉；一般的厨师，一个月换一把刀，因为他们用刀断骨头。而我的刀已经用了19年，杀牛无数，依旧像新的一样，这是因为牛的骨节有间隙之处，而刀刃几乎没有什么厚度；把几乎没有厚度的刀刃插入有间隙的骨节间，显得很宽绰，还有充分的余地。我宰牛的时候就是把刀刃插到骨节间，因而我的刀能用19年依旧如新。即使如此，每遇到筋骨交接处，我还是觉得难以下刀，就格外小心，目光集中，行动稳妥，这样，刀只轻轻一动，整个牛就骨肉相离了。”

辨识忠奸

管仲是春秋时期的政治家，被齐桓公任命为卿后，进行改革，使齐桓公成为春秋时的第一霸主。

管仲病危时，齐桓公亲自去他家看望他，看到管仲病情很严重，恐怕没有好转的希望了。齐桓公不禁悲伤起来，心想：管仲一去，我就像失去左膀右臂一样，齐国没了管仲还有谁能辅佐我理政啊，我可不想自己的国家再度陷入战火岁月啊。于是不禁流下伤心的泪水。管仲劝齐桓公不要悲伤，说："生老病死是人之常情，我也不能长生不老啊！"齐桓公握着管仲的手，两眼含泪地说："您生病了，有什么话要嘱咐我的吗？"管仲回答说："我希望主公能够远离易牙、竖刁、常之巫、卫公子启方这几个人。"齐桓公不解，心想这些人平时对自己都是毕恭毕敬，为什么要远离他们呢，于是问："当初我身处险境，无米无粮，是易牙亲手煮了他儿子的肉来孝敬我，使我免受饥饿之苦，这说明他爱我胜过爱他儿子啊！这难道还有什么值得怀疑的吗？"管仲说："虎毒不食子，老虎都不会吃自己的孩子，更不要说人了，天下哪有父母不疼爱自己子女的，他对自己的儿子都这么残忍，又怎么能对您好呢？他这样做无非是想讨好您，达到他不可告人的目的啊！"

齐桓公被管仲的分析折服了，又继续问道："竖刁不惜阉割自己来侍奉我，这可是一般人难以承受的痛苦啊，这说明他爱我胜过爱他自己的身体和终身幸福啊，这又有何值得怀疑呢？"管仲说："世间之人没有不爱惜自己身体的，竖刁连自己的身体都不爱惜，那又怎么会爱惜您呢？他这样做不过是想赢得您的信任，整日陪在您的左右，对您阿谀奉承，使您成为不听忠言的昏君啊！”齐桓公听到这里，着实出了一身冷汗，没想到自己一时疏忽，险些就成为昏君了。于是又问："常之巫能够占卜人的生死，为我治病，难道也不能信任吗？”管仲答："生死有命，富贵在天，大王不相信天命固守本分，而是依靠常之巫，想长生不老，他必然会利用您胡作非为啊！自古就没有长生不老的仙丹，他所谓的灵丹妙药说不定是慢性毒药，他是在害您啊！”齐桓公又问："卫公子启方侍候我都 15 年了，也没回家看看自己的父母，就连他父亲去世，他都没有回去奔丧，这样的人难道对我还不够忠心吗？”管仲说："天地间，没有不爱自己父母的，卫公子对待自己的父亲尚且如此，又怎会真心对待您呢？”

齐桓公觉得管仲说得有道理，想了一下说："您请放心，您的话我都记住了，我会按照您的意思去办的。”管仲听到这也就安心地去了。管仲去世后，齐桓公立刻把这四个人都赶走了。

歧路亡羊

杨朱是战国时期卫国的一位著名的学者。在他家附近住着一户人家，家里养了很多只羊。

有一天，杨朱的邻居在牧羊的归途中，遇到了迎面急驰而来的一行车马，羊群因受惊吓而四散。好不容易等车马走了，邻居赶快把羊唤拢，急急忙忙赶回家。他回到家仔细清点羊群时，发现他的羊丢了一只。于是立即召集全家老小，并邀请同村的许多乡亲一起去寻找那只走失的羊。

就这样，他一会儿就请了二三十人，但还是觉得不够用，就来到杨朱家，对杨朱说："杨大人，我今天放羊的时候，走失了一只羊，我想麻烦您家的僮仆帮我去找，您看可以吗？”杨朱听了以后，觉得很奇怪，就说：“丢了一只羊，何必兴师动众，派这么多人去找呢？”邻居说：“唉，杨大人，您是有所不知啊！山野、田间的岔路口多得很，而且岔路上又有岔路，越走岔路越多，没有人知道羊是从哪条岔路上跑的。所以就是我现在找了这么多的人，我还是担心忙不过来呢！”

杨朱觉得这话有理，就回过头对着僮仆说：“既然这样，你就放下手里的活，跟着大家去帮忙找羊吧！”僮仆欣然应允。杨朱目送着这一行人出了村口。

邻居带领大家来到了丢羊的地点，商量了一下，决定先沿赶羊回家时经过的大路走，一遇到岔路就派一个人沿岔路去搜寻。可是，没过多久，他带去的人被分派完了，只剩下邻居一个人走大路了。可是没走多远，前面又出现了岔路。他站在岔路口左右为难。焦急中任选了一条前去的路径。走着走着，只见前面又有岔路。邻居实在是没有办法了。他看到天色已近黄昏，只好往回走。沿途碰到其他的寻羊人也说自己遇到过同样的困难。

正在家吃晚饭的杨朱忽然看见自家的僮仆进了门，接着又听见了外面有嘈杂的说话声，知道是找羊的人回来了。他走出门去问邻居：“找到羊了吗？”邻居面带失望地回答道：“没有。”杨朱又问：“你带了这么多人去找，怎么还找不到呢？”邻居说：“我知道大路边有岔路，所以找羊时多带了几个人。可是没想到岔路上还有岔路。特别是遇到在只剩一个人面对岔路的时候，实在感到不知所措。”

杨朱听了邻居说的这番话，有些闷闷不乐。他眉头紧锁、脸色灰暗、一言不发。那一天大家再也没有见到他露出一丝笑容。杨朱的学生都觉得有点奇怪，因此不解地问：“羊并不是什么值钱的牲畜，而且又不是先生您的，您这样闷闷不乐，究竟是为什么呢？”杨朱说：“我并不是惋惜丢了一只羊。我是从这件事联想到探求真理也与歧路亡羊一样，如果迷失了方向，到头来也会一无所获啊！”

杨布打狗

从前，在一个不太出名的小山村，住着一户姓杨的人家，靠在村旁种一片山地过日子。这户人家有两个儿子，大儿子叫杨朱，小儿子叫杨布，两兄弟一边在家帮父母耕地、担水，一边勤读诗书。这兄弟两人都写得一手好字，交了一批诗文朋友。

有一天，弟弟杨布穿着一身干净的白色衣服兴致勃勃地出门访友。不料快到朋友家时，天空突然下起雨来了，雨越下越大，杨布正走在前不着村、后不着店的山间小道上，只好硬着头皮顶着大雨，被淋得落汤鸡似地跑到了朋友家。他们是经常在一起讨论诗词、评议字画的好朋友，杨布在朋友家脱掉了被雨水淋湿了的白色外衣，穿上了朋友的一身黑色外套。朋友家里招待杨布吃过饭，两人又谈论了一会儿诗词，评议了一会儿前人的字画。他们越谈越投机，越玩越开心，不觉天快黑下来了，杨布就把自己被雨水淋湿了的白色外衣晾在朋友家里，自己穿着朋友的一身黑色衣服回家了。

雨后的山间小道虽然是湿的，但由于路面上小石子铺得多，没有淤积的烂泥。天色渐渐地暗下来了，弯弯曲曲的山路还是明晰可辨。晚风轻轻吹着，从山间送来一阵阵新枝嫩叶的清香。要不是天愈来愈黑，杨布还真有点儿雨后漫游山岗的雅兴哩！他走着、走着，走到自家门口了，还沉浸在白天与朋友畅谈的兴致里。这时，杨布家的狗却不知道是自家主人回来了，猛冲出来对他汪汪直叫。须臾，那狗又突然后腿站起、前腿向上，似乎要朝杨布扑过来。杨布被自家的狗突如其来的狂吠声和它快要扑过来的动作吓了一跳，十分恼火，他马上停住脚向旁边闪了一下，愤怒地向狗大声吼道："瞎了眼，连我都不认识了！"于是顺手在门边抄起一根木棒要打那条狗。这时，哥哥杨朱听到了声音，立即从屋里出来，一边阻止杨布用木棒打狗，一边唤住了正在狂叫的狗，并且说："你不要打它啊！应该想想看，你白天穿着一身白色衣服出去，这么晚了，又换了一身黑色衣服回家，假若是你自己，一下子能辨得清吗？这能怪狗吗？"

杨布不说什么了，冷静地思考了一会儿，觉得哥哥杨朱讲得也是有道理的。狗也不汪汪地叫了，一家人重新又恢复了原先的快乐。

墨子劝鲁班

鲁班是战国时期有名的工匠，他发明了锯子，又建造了许多房子和器具，造福了人民，因此被后世称为"木工祖师"，受到人民的爱戴。

春秋战国时期是中国最为混乱的时期，诸侯割据，战火连连。一次，鲁班应邀到了楚国。楚国人民给了鲁班最热烈的欢迎，鲁班每到一处，就受到人民的热情招待，鲁班暗下决心一定不要辜负楚国人民和楚国国君的厚爱。楚国国王送给鲁班许多金银珠宝，为他准备了最好的工作地点，请他为楚国军队做云梯、战车、攻城武器。于是，鲁班就在楚国安心做工。

墨子和鲁班同为一国人，他俩又是好朋友。一天，墨子来到楚国，前来拜见他的好友鲁班。一见面，墨子就十分委屈地对鲁班说："鲁兄，有人侮辱了我，你一定要替我出气！"鲁班安慰他说："谁侮辱了你，我们可以找他去理论，当今各国国君对我都很尊敬，我相信只要我们有理，一定会为你讨回公道的。"墨子却说:"不，我要你替我杀了他！"鲁班生气了，说:"你是知道的，我为人慈善，怎么会去杀人呢？"墨子回答道："那是过去的事情了，现在已经不同了，很快就会经你的手杀掉成百上千的人啊，我要你杀的只不过才一个。"鲁班不解地问："怎么会有这样的事情呢？我又不打算去参军打仗，怎么会杀人啊？"墨子说："你是天下最有名的木匠，过去你盖房子、做器具造福于人民。可是，现在你却在为楚国的军队造云梯、战车、攻城武器。"

鲁班自认为做这些也没什么不对啊，他是在帮楚国啊，楚国没人能造这些东西啊！墨子继续说道："你造了这些东西，楚军就会用它们攻城略地，杀害其他国家的人民，这岂不是比杀一个人更严重吗？而且，楚军下一个要进攻的目标就是我们的祖国啊！"这下，鲁班知道了问题的严重性，表示再也不会为楚国造这些武器了。他冒着生命危险，向楚王说明一切，并退回楚王送给他的礼物。墨子赞赏他说："造福人民，名垂千古，鲁班是好样的！"

田忌赛马

有一天，齐王要田忌和他赛马，规定每个人从自己的上、中、下三等马中各选一匹来赛，并约定，每有一匹马取胜可获千两黄金，每有一匹马落后要罚千两黄金。当时，齐王的每一等次的马比田忌同样等次的马都要强，因而，如果田忌用自己的上等马与齐王的上等马比，用自己的中等马与齐王的中等马比，用自己的下等马与齐王的下等马比，则田忌要输三次，因而要输黄金三千两。但是结果，田忌没有输，反而赢了一千两黄金。这是怎么回事呢？

原来，在赛马之前，田忌的谋士孙膑给他出了一个主意，让他用自己的下等马去与齐王的上等马比，用自己的上等马与齐王的中等马比，用自己的中等马与齐王的下等马比。田忌的下等马当然会输，但是上等马和中等马都赢了。因而田忌不仅没有输掉黄金三千两，还赢了黄金一千两。

塞翁失马

长城附近住着一位名叫塞翁的老伯。有一天，塞翁家里养的马在放牧的时候，跑到匈奴人那里去了。那时候，一匹马是一笔很大的财富，丢失了当然是很心痛的事情。他的邻居和亲戚听到了塞翁失马的消息，都过来安慰他。没有想到塞翁却一点也不在意，笑着说："跑丢了一匹马，看起来是件坏事，或许还能变成好事呢！"众人听到他这么说，都觉得有点奇怪，看到他并不难过，就放心地走了。

过了一个月，那匹跑丢的马果然跑回来了，而且还带来了一匹匈奴那边的骏马回来。邻居们听说了这件喜事以后，又跑来祝贺。其中一个人说："塞翁，你可真有福气啊！丢了一匹马，却跑回来两匹马，真是可喜可贺啊！"可是，塞翁并不像大家想象的那么高兴，反而有点愁眉苦脸的样子，对邻居们说"多得了一匹骏马，看起来是个好事，说不定还是个灾祸呢！"邻居们听了塞翁的话，心想，这个老头可真是够奇怪的，这么好的事情还要担心是灾祸，他真的是过于忧虑了。

塞翁的儿子，是个 18 岁的青年人，他非常喜爱骑马。那天，他回家看到这匹匈奴来的骏马，眼前一亮。这匹骏马个头高大，四肢有力，膘满肉肥，毛色光亮。谁见了都赞不绝口，就更别说是塞翁的儿子了。于是，他就对塞翁说："父亲，我好喜欢这匹骏马，您让我骑上这匹马出去兜兜风吧！"塞翁却对儿子说："孩子，那匹马是匈奴那边的骏马，性子烈，不容易驾驭。所以还是不要骑了，以免发生危险。"儿子勉强答应了。

一天，塞翁的儿子又看到了这匹匈奴骏马，心里痒痒的，最后他终于按捺不住好胜心，就背着父亲去骑这匹马。这匹马跑起来四蹄生风，他感到很过瘾。正在他高兴的时候，突然眼前的路上出现一条深沟，那匹骏马纵身一跳，跳过了那深沟，但是，塞翁的儿子却因为没有抓牢缰绳，被狠狠地摔了下来，摔断了大腿。

好好的一个小伙子，就这么变成一个残疾人，该是多么的不幸啊！塞翁的亲朋好友听到这个不幸的消息，又都打算到塞翁家里慰问。临行之前，他们互相商量着："塞翁的儿子发生了这么大的意外，塞翁一定会很伤心的。这次我们去了塞翁的家里，千万不能表现得太伤感，而是要好好地劝劝他。"

就这样，亲戚们又来到了塞翁的家里，还没等他们安慰塞翁，塞翁就对他们说："谢谢你们那么关心我的儿子。你们也不要太难过。我儿子摔断了腿，看来是坏事，或许还可以变成一件好事呢！"大家一听这话，顿时都惊呆了。他们都感到塞翁似乎有点不近人情了。儿子是亲生的骨肉，现在把大腿摔断了，以后就要靠双拐行走了。本来生龙活虎的年轻人，今后要一瘸一拐地生活，该是多么的不幸啊！而他却认为有可能成为好事，难道他儿子还能长出一对翅膀吗？

时间过得真快，转眼间，一年又过去了。匈奴大举进攻长城附近的地区。所有青壮年男子都要应征入伍，拿起武器参加战斗。一时间，长城附近硝烟弥漫，血流成河。参加战争的人十分之八九都战死沙场。塞翁的儿子因为双腿已经摔断，没有被征召，也就保全了性命。

踊贵鞋贱

齐景公当政时期，滥用刑法，搞得人人自危。许多人生怕哪天得罪了齐景公，而被处以极刑。

有一天，正当齐景公和大臣们商议国事的时候，突然听到大殿外乱哄哄的。于是景公派士兵到外面去查看。士兵回来报告说有一群人正在大殿外闹事，领头的人正在叫嚷着齐景公是个暴君，采用严酷的刑法迫害自己的臣民，早晚要失民心，要求他废除严酷刑法。齐景公非常生气，命人把那带头闹事的人押到大殿上。闹事的人见到齐景公就大喊："暴君，你设立种种严酷刑法，搞得人人自危。你这样做是不会有好结果的，齐国早晚要败在你的手上！"齐景公听到这里，顿时气得火冒三丈，叫喊着："快来人啊，把他拉出去，处以分尸极刑！"大殿上的大臣们窃窃私语，都在说闹事者说得对，大王的确滥用刑法，这些刑法早该废除了，于是都想为他说情。可还没等大臣们开口，齐景公就说道："你们谁也别为他求情，如有胆敢劝阻者，一律处以砍脚极刑！"这句话使大臣们纷纷低下头去，没有人再敢为闹事者求情，生怕将自己也牵连进去。

这时，晏子走过来，气冲冲地从身旁的士兵身上抽出一把刀，一手抓住闹事者的脑袋，一手举着刀，做出一副恶狠狠、要杀人的样子。同时问齐景公："大王，他妖言惑众，我来替您杀了他。只是不知道从何下刀？您可知道古时圣贤的君主肢解人时从哪个部位开始下刀？"齐景公听到这里，知道晏子是用古代贤明的君主来劝说自己不要滥杀无辜，就离开座位，摆摆手说："算了吧，这是寡人的错，不怪他了。"这下大臣们长长舒了一口气。退朝后，齐景公让晏子陪自己到处走走，随便聊天。当谈到人民的衣食住行和市场商品的价格时，齐景公问晏子：“你住的地方靠近集市，你可知道什么东西贵，什么东西贱吗？”晏子毫不犹豫地回答说：“踊贵鞋贱（踊，给受过砍脚刑法的人穿的鞋子）。”齐景公突然有所领悟，不久后就废除了一些残酷的刑法。

程门立雪

杨时、游酢，向二程求学，非常恭敬。杨游二人，原先以程颢为师，程颢去世后，他们都已40岁，而且已考上了进士，然而他们还要去找程颐继续求学。据说，一日，杨时、游酢来到嵩阳书院拜见程颐，正遇上这位老先生闭目养神，坐着假睡。程颐明知有两个客人来了，他仍然不言不动，不予理睬。杨、游二人怕打扰先生休息，只好恭恭敬敬，肃然待立，一声不吭等候他睁开眼睛。如此等了好半天，程颐才如梦初醒，见了杨、游，装作一惊说道：“啊！啊！贤辈早在此乎！”意思是说你们两个还在这儿没走啊！那天正是冬季很冷的一天，不知什么时候，开始下起雪来。门外积雪，有一尺多深。

这个故事，就叫“程门立雪”，在宋代读书人中流传很广。

王阳明收弟子

王龙溪，字汝中，明朝的进士出身。王龙溪年轻的时候，非常聪明，远近闻名，但他天天和一些不三不四的人在酒馆和赌场饮酒下棋，寻欢作乐，每每喝得酩酊大醉，输得一塌糊涂。

著名学者王阳明听说王龙溪是个难得的人才，又听说他整天游手好闲，出没于酒馆赌场之间，就想和他当面谈谈，并想收他为弟子，教他好好读书用功，将来能够功成名就。由于王龙溪整日和那些乌七八糟的人混在一起，像王阳明这样有谦谦君子之风的儒者是没有机会接近王龙溪的。经过冥思苦想之后，王阳明终于想出一个办法来，他再也不找机会试图接触王龙溪了，而是每天让自己的弟子们学着玩棋赌博、饮酒作乐，像王龙溪那样游手好闲，把功课和学问都放到了一边。过了一段时间，王阳明派了一个弟子偷偷地跟踪王龙溪，这个弟子平日里就不喜欢读书用功，而是每天淘气玩耍，性情脾气比王龙溪有过之而无不及，当师傅让他们整天下棋饮酒时，这个弟子高兴得不得了，其他弟子没有一个在这方面比得上他的，师傅要派人跟踪王龙溪的任务大伙早就知道了，于是他就主动请缨，要求去跟踪王龙溪。他随同王龙溪来到一家酒店，要求与王龙溪一起赌博。王龙溪一看是个书生，大声地笑道："你们这些迂腐的儒生，每日只会摇头晃脑地吟诗作对，舞文弄墨的，竟然也敢来和我赌博，看我不把你的老本全部赢光！"那个弟子说："那我们就试试吧。"结果是王龙溪输了个精光。王龙溪觉得有些奇怪，心想，我整天吃喝玩乐，下棋赌博，怎么会玩不过他呢？就问那人有什么高招。那个弟子说："没什么，我们在老师家里天天赌博，下棋喝酒是经常的事情。"王龙溪听说如此，感到十分的惊讶，便想拜访王阳明，并请求那个人为自己引荐。王龙溪跟着那个弟子来到王阳明的学馆，两个人刚一见面，王龙溪就被王阳明气宇轩昂的神态气质所折服，当即便拜王阳明为师，做了他的弟子。

在王阳明的悉心教诲和循循善诱下，王龙溪的学业突飞猛进，没多久便考取了进士，成为王阳明众多弟子中最出色的一个，每当别人提及他年轻时拜师的往事时，王龙溪总是感慨万千地说：“老师的高明之处，我这辈子是赶不上啦！”

脱衣审案

王阳明早年因反对朝廷宦官，一度被贬为贵州龙场（修文县治）驿丞。在此任上，他捕获了当地一个罪大恶极的强盗头目。这个强盗头目平时明火执仗，杀人越货，无恶不作。

在受审时，他很爽快地对王阳明说：“我犯的是死罪，要杀要剐，任你处置，只请你不要和我谈道德良知。像我这种人是从来不谈这个的，甚至连想都没有想过。”王阳明当即说：“好的，今天我不和你谈道德良知。不过天气这么热，我看在审案前我们还是把外衣脱了吧。”强盗头目原先是被捆绑着的，脱外衣意味着松绑。于是，他赶紧说：“好，好！脱外衣。”

脱去外衣后，王阳明又说：“还是热，再把内衣也脱了吧！”强盗头目当然不怕赤膊，于是就脱了内衣。这时，王阳明再说：“还是热得不行，我们再把外裤也脱了吧。”强盗头目也说好……庭上庭下两人身上只剩下一件内裤。此时王阳明更进一步，说道：“干脆我们把裤头也脱了吧，全身赤裸更自在……”

一听说连裤头也要脱，强盗头目赶紧说：“这可使不得！万万使不得！”面对此情此景，王阳明当即来了一番水到渠成的因势利导：“为什么‘使不得’？这是因为在你心中最后还剩有那么一点羞耻感。而这点羞耻感又何尝不是‘道德良知’的一种表现。一个新生儿是绝不会在乎自己光屁股的，可见就是像你这样十恶不赦的家伙，我照样可以和你谈‘道德良知’……”强盗头目听了，心服口服，只得全盘将自己的罪行如实供出。

第二章
外国哲学故事

理想的伴侣

苏格拉底的三个弟子求教老师，怎样才能找到理想的伴侣。

苏格拉底没有直接回答，却让他们从麦田中选摘一个最好最大的麦穗，前提是不许走回头路。

第一个弟子没走几步，就看见一个又大又饱满的麦穗，高兴地摘下了。但继续前进时，发现前面有许多麦穗比他摘的那个大，但已经没有机会了，只得遗憾地走完全程。

第二个弟子吸取了教训，每当他要摘时，总是提醒自己，后面还有更好的。可当他快到终点时才发现，机会全错过了。

第三个弟子吸取了前两个的教训。当他走过全程三分之一时，即分出大、中、小三类；再走三分之一时，验证是否正确；等到最后三分之一时，他选择了属于大类中的一个饱满的麦穗。

虽说，这麦穗不一定是麦田里最好最大的一个，但对他来说已经是心满意足了。

求生的欲望

古希腊有个大哲学家叫苏格拉底。哲学家在当时是很崇高的职业，因此很多年轻人来找苏格拉底学习。

一个年轻人来了，想要学习哲学。苏格拉底一言不发，带着他来到一条河边，突然用力把他推到了河里。年轻人起先以为苏格拉底在跟他开玩笑，并不在意。结果苏格拉底也跳到水里，并且拼命地把他往水底按。这下子，年轻人真的慌了，求生的本能令他拼尽全力将苏格拉底掀开，爬到岸上。

年轻人不解地问苏格拉底为什么要这样做，苏格拉底回答说："我只想告诉你，做任何事情都必须有绝处求生那么大的决心，才能获得真正的成就。"

求知如呼吸

"怎样才能获得更多的知识呢？先生。"一名青年向苏格拉底请教。

苏格拉底并未直接回答。他与青年一起来到海边，然后让青年下到海里。当海水淹没了年轻人时，他拼命挣扎露出海面。苏格拉底问道："你在海里最需要的是什么？"

"空气，当然是呼吸新鲜空气，先生。"

"对，学习也得使上这股子劲儿！"

踢驴一脚

苏格拉底有一天和一位老朋友在雅典城里悠闲地散步，一边走一边愉快地聊天。忽然有位愤世嫉俗的青年出现，用棍子打了他一下就跑了。他的朋友看见了立刻回头要找那个家伙算账。

但是苏格拉底拉住他，不让他去报复。朋友觉得很奇怪，就说："难道你怕这个人吗？"

苏格拉底说："不，我绝不是怕他。"

朋友又问："那么人家打你，你都不还手吗？"

此时苏格拉底笑着说："老朋友，你糊涂了，难道一头驴子踢你一脚，你也要踢它一脚吗？"

朋友点点头，就不再说什么了。

走出洞穴的囚徒

在《理想国》中，柏拉图写过一个意味深长的故事，来说明哲学与哲学家工作的意义。

有一群人，世世代代住在一个洞穴中。从出生起，他们就像囚犯一样，被铁链锁在固定的地方，甚至连脖子也被套住，不能转动，更不能回头，只能直视前方。在他们身后，有一堆篝火，在火与囚犯之间有一堵矮墙，墙后有人举着各种各样的雕像走过，火光将雕像的影子投射到囚犯对面的洞壁上。就这样，这些囚犯犹如在看皮影戏，他们不能相互观望，不知道自己的模样，也不能回头看这些影像是如何形成的。于是，他们都以为眼前晃动的影子就是真实的事物，并用不同的名字称呼它们。

囚徒们早已习惯了这样的生活，并没有感到命运的悲惨，也没有想过挣脱束缚他们的锁链。然而，有一天，一个囚犯偶然挣脱了锁链，他移动脚步，回过头来，生平第一次直接看到了炫目的火光，这使他感到刺眼，看不清原先已经习以为常的影子。过了一段时间以后，他的眼睛逐渐适应了火光，终于能分清影子和雕像，明白了雕像比影子更真实，于是，他不顾眼睛的难受，朝火光走去，走到了洞口，被人一把从陡峭的洞口拉出洞外。

当他第一次看到阳光下真实的事物时，再次感到眼花缭乱，比先前见到火光时更为痛苦。所以，他只能一步一步适应洞外的生活，先看阳光下的阴影，再看水中事物的倒影，再抬头看天上的星星和月亮。最后，他终于能直视太阳，才明白太阳是岁月和季节变化的原因，主宰着世间的万事万物。

大圆圈与小圆圈

一次，古希腊哲学家芝诺的学生问他：“老师，您的知识比我们多许多倍，您回答的问题又十分正确，可是您为什么对自己的解答总是有疑问呢？”

芝诺用手在桌上画了大小两个圆圈，说：“大圆圈里是我的知识，小圆圈里是你们的知识。我的知识比你们的多，但是这两个圆圈的外面，都是你们和我无知的部分。大圆圈的周长比小圆圈的长，因而我接触到的无知的范围比你们的多。这就是我常常怀疑自己知识的原因。”

请鸭嘴兽原谅

恩格斯在 1895 年给康·施密特写了一封信，信中说：“1843 年我在曼彻斯特看见过鸭嘴兽的蛋，并且傲慢无知地嘲笑过哺乳动物会下蛋这种愚蠢之见，而现在这却被证实了！因此，但愿您对价值概念不要做我事后不得不请求鸭嘴兽原谅的那种事情吧！”

这是怎么回事呢？原来鸭嘴兽是现存最原始的哺乳动物，卵生。通常每次产两个卵，由雌兽伏在卵上孵化，这种动物有乳腺，无乳头，幼兽从雌兽腹面濡湿的毛上舔食乳汁。按过去教科书上的概念，哺乳动物应该是胎生，不会下蛋，恩格斯一度也拘泥于这种认识，盲目地相信了教科书。后来，当他弄清了这种认识是错误的之后，就写了上面一封信，告诉施密特，他也曾经迷信过书本，希望施密特不要再做那种蠢事。

挖苦尼采

尼采一生不接触女人，他曾经这样说过：“男子应受战争的训练，女子则应受再创造战士的训练。”又说：“你到女人那里去吗？可别忘了带上你的鞭子！”

罗素对尼采的哲学极为不满，挖苦他说：“十个女人，有九个女人会使他把鞭子丢掉的，因为他明白了这一点，所以他才要避开女人啊！”

人生的幸福

有一天，罗素的一位年轻朋友来看他。走进门后，只见罗素正双眼注视着房屋外边的花园，陷入了沉思。

这位朋友问他：“您在苦思冥想什么？”

“每当我和一位大科学家谈话，我就肯定自己此生的幸福已经没有希望。但每当我和我的花园谈天，我就深信人生充满了阳光。”罗素说。

独身的解释

英国著名的哲学家赫伯特·斯宾塞终身未娶。有一次他在路上遇到两个朋友。

一个朋友问他：“你不为你的独身主义后悔吗？”

斯宾塞愉快地答道：“人们应该满意自己所做出的决定。我为自己的决定感到满意。我常常这样宽慰我自己：在这个世界上的某个地方有个女人，因为没有做我的妻子而获得了幸福。”

无需再锦上添花

英国唯心主义哲学家休谟也是一位经济学家、历史学家。他晚年退休后，每年还能拿到1000英镑的退休金和印书稿费。他在爱丁堡图书馆做管理员时写的《大不列颠史》是一本重印多次的畅销书。

周围的人劝他再写续集，一直写到当代。休谟摊开两手说："你们已经给了我太多的荣誉，先生们，但我不想再写了，理由有四点：我太老了，太胖了，太懒了，太富了。"

剩下谁呢

休谟去世前不久还出席过一次晚宴。宴会上一个客人抱怨世界充满了敌意，人跟人之间的对立太深了。老哲学家休谟颇不以为然。"不，并非如你所说。"他语重心长地说，"你看，我以前写过能引起敌意的各种题目。道德的，政治的，经济的，还有宗教的，可除了辉格党人、托利党人以及基督教徒以外，我却没有任何敌人。"

岂可再乎

1717年，伏尔泰因为讥讽摄政王奥尔良公爵，被囚禁在巴士底监狱11个月之久。出狱后，吃够了苦头的伏尔泰知道此人冒犯不得，便去感谢他的宽宏大量，不计前嫌。摄政王深知伏尔泰的影响，也急于同他化干戈为玉帛。于是两人都讲了许多恰到好处的抱歉之辞。

最后伏尔泰再一次表示感激说：“陛下，您真是助人为乐，为我解决了这么长时间的食宿问题，我衷心地再次向您表示感谢。可今后，您就不必再为这件事替我操心啦。”

难成亲戚

培根家里来了个不速之客，此人名叫荷克，是一名惯匪。法院正在对他进行侦讯起诉，看来非判死刑不可，他请培根救他一命。他的理由是：“荷克”（hog，意为“猪”）和培根（bacoh，意为“熏肉”）有亲属关系！培根笑着回答说：“朋友，你若不被吊死，我们是没法成为亲戚的，因为猪要死后才能变成熏肉。”

相形显小

有一次，伊丽莎白女王巡幸到培根的府邸。由于女王生活在宅深墙高的宫廷大院里，平时也多来往于达官显贵们奢侈华贵的住宅，当她看到简朴普通的大法官宅第时，不禁惊叹道："你的住宅太小了啊！"

培根站在女王身边，仔细端详了自己的房舍后，耸耸肩说："陛下，我的住宅其实并不错，只是因为陛下抬举我，光临寒舍，才使它显得小了。"

衣着问题

有一次，一位极有名望地位的高官前来看望斯宾诺莎。这位大官见他穿着一身皱皱巴巴的睡袍，不禁大惊小怪，并提出要送他一身新睡袍。斯宾诺莎平静地说："一个人并不会因为有了一件好睡袍而变得更有价值，同样，给一钱不值的东西加个昂贵的包装也是极不合理的。"